珍藏本
纪念版

汉译世界学术名著丛书

对笛卡尔《沉思》的诘难

〔法〕伽森狄 著

庞景仁 译

2017年·北京

Pierre Gassendi

DISQUISITIONES ANTICARTESIANAE

本书译自 *Œuvres de Descartes* ，Paris，
Charpentier，1865 年版。

伽森狄（1592—1655）是十七世纪法国著名的哲学家，十八世纪法国唯物主义者的前驱。他的《对笛卡尔〈沉思〉的诘难》一作，反对笛卡尔的唯理论，并提出了他自己的机械唯物主义观点。

伽森狄和笛卡尔的论战，并未取得胜利；然而在进一步反对经院哲学，把哲学思想向前推进，同时为十八世纪较完备的法国唯物主义做了准备上，他的功绩是很大的。

《对笛卡尔〈沉思〉的诘难》一书是伽森狄的主要著作，也是研究西方哲学史上唯物主义和唯心主义复杂斗争的重要文献之一。

汉译世界学术名著丛书
（120年纪念版·珍藏本）
出 版 说 明

2017年2月11日，商务印书馆迎来120岁的生日。120年前，商务印书馆前贤怀揣文化救国的理想，抱持“昌明教育，开启民智”的使命，立足本土，放眼寰宇，以出版为津梁，沟通中西，为中国、为世界提供最富智慧的思想文化成果。无论世事白云苍狗，潮流左右激荡，甚至战火硝烟弥漫，始终践行学术报国之志，无改初心。

迻译世界各国学术名著，即其一端。早在20世纪初年便出版《原富》《天演论》等影响至今的代表性著作，1950年代后更致力于外国哲学和社会科学经典的译介，及至1980年代，辑为“汉译世界学术名著丛书”，汇涓为流，蔚为大观。丛书自1981年开始出版，历时三十余年，迄今已推出七百种，是我国现代出版史上规模最大、最为重要的学术翻译工程。

丛书所选之书，立场观点不囿于一派，学科领域不限于一门，皆为文明开启以来，各时代、各国家、各民族的思想与文化精粹，代表着人类已经到达过的精神境界。丛书系统译介世界学术经典，引领时代思想，为本土原创学术的发展提供丰富的文化滋养，为推动中国现代学术和现代化进程做出了突出的贡献。

为纪念商务印书馆成立120周年，我们整体推出“汉译世界学术名著丛书”120年纪念版的珍藏本，寄望既利于文化积累，又便于研读查考，同时向长期支持丛书出版的译者、编者和读者致以敬意。

两甲子后的今天，商务印书馆又站在了一个新的历史时间节点上。我们不仅要铭记先辈的身影和足迹，更须让我们的步伐充满新的时代精神。这是商务人代代相传的事业，更是与国家和民族的命运始终紧密相连的事业。我们责无旁贷，必须做好我们这代人的传承与创造，让我们的努力和成果不仅凝聚成民族文化的记忆，还能成为后来人可以接续的事业。唯此，才能不负前贤，无愧来者。

商务印书馆编辑部

2017年10月

译　者　序

皮埃尔·伽森狄(1592—1655)是法国十七世纪上半叶的伟大的唯物主义哲学家。他和笛卡尔是同时代的人,两人都既是哲学家又是科学家;但在哲学思想上两人却走着完全相反的道路。他们的哲学争辩是哲学史上著名的,这种争辩不但引起当时西方哲学家和神学家们很大的注意,而且也给后世的思潮以重要影响。

法国在十七世纪上半叶正处在封建制度逐渐瓦解、资本主义生产关系逐渐成长的时期。当时的法国同西欧的荷兰和英国比较起来,是一个较落后的国家。法国资产阶级在政治上还很软弱,没有能力同封建制度做公开决裂的斗争。君主专制制度借助宗教势力,从政治和思想两方面压制资产阶级,但在经济方面也还能给予资产阶级某些发展的可能,因此资产阶级也并不拒绝同封建制度达成一定的妥协。资产阶级的这种软弱性和妥协性在哲学上最鲜明的表现就是笛卡尔的哲学。笛卡尔认为有两个互相依赖的实体——精神实体和物质实体的存在。因此,在物理学,即关于自然的学说中,他是唯物主义者;在形而上学,即关于超感觉的精神世界的学说中,他是唯心主义者。但在实质上他仍然是反对作为封建制度精神支柱的神学和经院哲学的。神学和经院哲学推崇盲目信仰,贬低人的理性。笛卡尔则强调理性的作用,他认为感官知觉

所提供的一切都是可以怀疑的，只有怀疑本身，即人的思维（理性）是无可怀疑的，由此得出他的著名的“我思故我在”原理。他进一步就提出思维的清楚明白是真理的标准，以及“天赋观念”和上帝是最完满的观念等思想。笛卡尔最后给上帝的存在提出一些证明，并且企图用上帝的存在来保证科学的可靠性，这是他对神学和经院哲学最明显的妥协和调和。

伽森狄从唯物主义立场逐条批判了笛卡尔形而上学的各种论点。马克思说：“在法国以笛卡尔为主要代表的十七世纪的形而上学，从诞生之日起就遇上了唯物主义这一对抗者。唯物主义通过伽森狄（他恢复了伊壁鸠鲁的唯物主义）来反对笛卡尔。”[①]

伽森狄出生于法国普罗旺斯省尚太尔西耶的一个农民家庭，曾在该省的迪尼和艾克斯受过教育，于1614年在阿维尼翁得神学博士学位；1617年成为神甫，同年担任艾克斯大学哲学讲座。在哲学讲授中，他批评了亚里士多德，因而引起耶稣会士们的不满，终于在1623年被迫去职。翌年他发表了《对亚里士多德的异议》。不久以后他到了巴黎，在那里结识了麦尔塞纳、笛卡尔以及当时的其他一些学者。他还到过荷兰和英国，结识了英国唯物论者霍布斯，并且对他大加赞仰。1631年他回到普罗旺斯省，在那里一直住到1637年，这期间他主要是研究天文学。这以后他又回到巴黎。1640年笛卡尔写成了他的《形而上学的沉思》，在出版前曾托麦尔塞纳替他征求当时在巴黎的神学家和哲学家们的意见，打算取得巴黎神学院的出版许可。伽森狄写出了他的诘难，这就是我

① 《神圣家族》，见《马克思恩格斯全集》，人民出版社版第二卷，第161页。

们现在题为《对笛卡尔〈沉思〉的诘难》这本书。这些诘难收在《形而上学的沉思》里作为第五篇诘难，连同笛卡尔的答辩于1641年出版。伽森狄后来把这些诘难又补充了他对笛卡尔的答辩的反驳于1644(?)年自己单独出版，题为《形而上学探讨》。

1645年伽森狄到法兰西皇家学院教授数学，翌年发表了《关于重物下落的加速》和《天文学指南》。他关于天文学的著作都是维护哥白尼和伽利略的太阳中心说的。1647年以后，伽森狄重点深入地研究了伊壁鸠鲁的哲学，采纳了他的原子学说。在1647至1649这几年中，他发表了《关于伊壁鸠鲁的生、死和快乐学说》和《伊壁鸠鲁哲学体系》。不过，慑于反动的天主教会的压力，他在对伊壁鸠鲁的唯物主义和无神论的阐述上不得不附加上神学性质的说明。

伽森狄于1655年卒于巴黎，他的全集于1658年在里昂出版。

《对笛卡尔〈沉思〉的诘难》是伽森狄的一本非常重要的哲学著作，也是十七世纪法国唯物主义的一本宝贵的著作。在这本书里，伽森狄虽然对他自己的哲学思想没有做系统的阐述，但是通过他对笛卡尔形而上学的逐条反驳，我们明显地看到他自己的唯物主义和无神论观点。笛卡尔的形而上学最充分地表现了他同神学和经院哲学的妥协，因此伽森狄从唯物主义的观点上批判了笛卡尔的形而上学，实际上不难看到这种批判的矛头是针对神学和经院哲学的。

首先他认为世界上的一切东西都是物质性的，都有广延，而且能够自己运动；反对有所谓精神本原，反对物质不能自动而只能被精神本原所推动的说法。世界是无始的，没有所谓“第一因”，而物质是不灭的，虽然对于个别物体来说有产生和消灭；这样就实质上驳斥了神学关于上帝创造世界和“世界末日”的宣教。

人的灵魂并不是什么精神本原的东西，而只是一种渗透和散布到肉体中的非常精细、稀疏的物质，当人死了以后，它就烟消云散了（虽然作为物质来说，它不等于消灭）；这样就反驳了神学和经院哲学所主张的灵魂不灭和“来世”的说法。

其次，关于上帝存在的问题，他虽然说他公开承认他相信上帝的存在，但他实际上是抽象地承认，具体地反对，他对于上帝存在的一切“证明”都逐条予以驳斥。他的论点主要有以下几点：1. 从完满性上并不能证明上帝的存在，因为人们加之于上帝身上的那些完满性实际上都是从某些人和东西上所观察到的一些优点而集于一身的；2. 即使肯定了这些完满性也不能由之而证明上帝的存在，因为并不是有了完满性就必然有存在性，而是有了存在性，完满性才存在；3. 从“无限”的概念也不能证明上帝的存在，因为“无限”是从“有限”推论出来的，它只是“有限”的否定词，并没有一个“无限的实体”。因此他结论说，上帝的观念并不是天赋的，它一部分是人们从感官接受来的（比如听别人讲的），一部分是人们捏造的。关于上帝存在的问题是伽森狄给神学和经院哲学最严重的打击。

关于认识论问题，伽森狄强调感官知觉，反对天赋观念说，认为先有感性知识，后有理性知识。事物必须是首先落于我们的感官，被看见、摸到或听别人说过，然后我们才能有事物的观念（概念）。不是先有一般，而是先有特殊。一般是由许许多多特殊经过抽象和概括而得出来的。比如，是看到了许多人都有理性之后才

做出“一切人都有理性”这个命题的。

伽森狄反对把感觉视为错误的来源。他认为表象永远是真实的,“即使理性告诉我们不要去相信的东西”(比如一根棍子半截插在水里看起来是弯的),也“并不能去掉现象的真实性”。感官不过是如实地把影像按照“当时感官、对象、环境等情况而必然地应该对它[感官]表象的那样提供出来”。因此错误并不来自感觉,而是来自判断。伽森狄强调感觉并不等于他轻视理性的作用,因为他说:“为了检查和改正我们自己的判断,……我们必须把我们的心灵[指理性]运用到更清楚的认识上去,有了更清楚的认识,随之而来的就一定会是一种更好的、更可靠的判断。”所谓“更清楚的认识”,是由反复、全面的观察而来,比如感性的太阳是较小的,而理性的太阳比地球大一百多万倍,这就要考虑到“理性的经验告诉我们:同样的东西距离我们远的时候就比距离我们近的时候显得小”。

此外需要特别指出的是伽森狄的实事求是的精神,这种精神本身就是唯物主义的,而且也就是这种精神使伽森狄成为一个真正的唯物主义者。他不止一次地批评笛卡尔不实事求是。比如在笛卡尔普遍怀疑之后,伽森狄就指责他说:“你因此就真能使你自己相信你绝不是醒着,而你眼前所有的和所发生的一切事物都是假的、骗人的吗? ……对事情直截了当、老老实实、实事求是地加以说明,而不是像人们将会反对你的那样,借助于装腔作势,捏造那些幻觉,追求那些拐弯抹角、稀奇古怪的东西,岂不是更适合于一个哲学家的坦率精神,更适合于追求真理的热诚态度吗?”又如:“如果你还不相信有地,有天,有星辰,那么请问为什么你在地上

走？为什么你抬头看太阳？为什么你靠近火炉取暖？为什么你吃饭来解饿？为什么你转动舌头说话？为什么你手里拿笔来给我们写你的思想？当然，这些事情很可能是说出来的，或者是巧妙地捏造的，不过人们费不了多少事就可以揭穿这种欺骗；既然你不可能真的怀疑这些事物的存在，你不可能不是很清楚地知道它们存在于你之外，那么就让我们严肃地、老老实实地对待这些事物，让我们习惯于按照事物是什么样就把它们说成什么样吧。”这真是对一切唯心主义的一针见血的、最有力的、再尖锐不过的揭露和驳斥了！

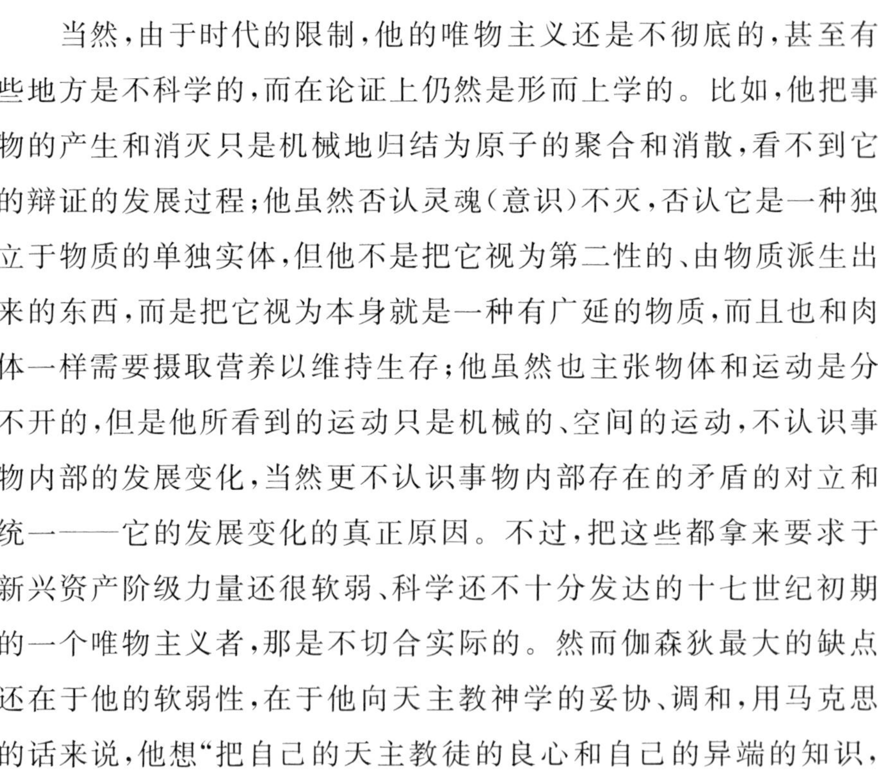

当然，由于时代的限制，他的唯物主义还是不彻底的，甚至有些地方是不科学的，而在论证上仍然是形而上学的。比如，他把事物的产生和消灭只是机械地归结为原子的聚合和消散，看不到它的辩证的发展过程；他虽然否认灵魂（意识）不灭，否认它是一种独立于物质的单独实体，但他不是把它视为第二性的、由物质派生出来的东西，而是把它视为本身就是一种有广延的物质，而且也和肉体一样需要摄取营养以维持生存；他虽然也主张物体和运动是分不开的，但是他所看到的运动只是机械的、空间的运动，不认识事物内部的发展变化，当然更不认识事物内部存在的矛盾的对立和统一——它的发展变化的真正原因。不过，把这些都拿来要求于新兴资产阶级力量还很软弱、科学还不十分发达的十七世纪初期的一个唯物主义者，那是不切合实际的。然而伽森狄最大的缺点还在于他的软弱性，在于他向天主教神学的妥协、调和，用马克思的话来说，他想“把自己的天主教徒的良心和自己的异端的知识，

把伊壁鸠鲁和教会"调和起来，这种调和"当然是无益的劳动"。[1]这种调和模糊了他同神学和经院哲学对抗的锋芒，它给人一种印象，似乎他攻击的目标不是神学和经院哲学，而只是为天主教会所不能同意的笛卡尔的形而上学，这就使他的唯物主义和无神论思想给予当时的官方哲学和神学的震动不是很大，而只是在他去世很久以后，到十八世纪法国唯物主义波澜壮阔地出现时，才对他的哲学做了充分的估计。他的哲学是法国唯物主义的宝贵遗产。

译　者

1963 年 2 月

① 见《马克思恩格斯早期著作选集》，俄文版第 23 页。

目　　次

伽森狄：

对笛卡尔《沉思》的诘难

伽森狄致笛卡尔 〔263〕

先生：

尊贵的麦尔塞纳神甫让我参与到你关于第一哲学所写的这些崇高的“沉思”里边来，这种好意使我非常感激，因为〔这些“沉思”〕主题的宏伟，思想的强劲和言辞的纯练，已使我异常喜悦；同时，的确，看到你那样意气风发、勇气百倍，并如此成功地为推进科学而工作，看到你开始为我们发现了在过去一切世纪里从未被人认识到的事物，这也使我感到高兴。只有一件事情不如我意，那就是他要我在读过你的《沉思》之后，假如在心里还剩有什么疑难问题时，就把它们写出来给你；因为我确实认为，假如我不赞成你的那些道理，我写出来的东西只不过是我自己心智上的缺点，甚至也可以说，假如我竟敢于提出一点点相反的东西来的话，那只说明我自己的愚昧无知。虽然如此，我竟未能拒绝我的朋友的要求，因为我想到，这样做并不是出于我的意图，而是出于他的意图，你会赞成的；也因为我知道你是如此的通情达理，你会很容易相信我只是经过了深思熟虑向你提出我的疑难，此外没有任何想法。其实，如果你能不惮其烦地从头看到尾，那已经就十分好了。因为我绝不想让我的这些疑难来扰乱你的情绪，来使你对你的论断感到有丝毫不放心，或使你不得不拿出你本来可以更好利用的时间来解答我的

这些疑难。我不但绝不这样想，而且更不会劝你去这样做。我甚至于连敢于把这些疑难向你提出来都不能不脸红的，因为我确知
〔264〕我的这些疑难中没有一个不是在你心里反复多次加以考虑过的，没有一个不是你有意置于不顾或认为不值一提的。我终于把它们提了出来，但仅仅是一个提议，没有任何其他意图。我的这个提议并不反对你所谈的以及你打算论证的那些事物，它只是反对你在论证这些事物时所用的方法和道理。事实上，我公开承认我相信有一个上帝，相信我们的灵魂是不灭的；我的问题仅只在于想弄明白你在证明这些形而上的真理，证明在你的著作中所包含的其他问题时所运用的推理的力量如何。

对《沉思第一》的诘难

关于可以引起怀疑的事物

关于《沉思第一》，我用不着谈很多，因为你所采取的把你的一切成见都破除出去的办法，我是赞成的。只有一件事我不大明白，即为什么你不愿意直截了当用很少的几句话把你一直到那时所认识的全部事物都假定是不确定的（以便然后再把你承认是真实的那些事物挑拣出来），而宁愿把它们都假定是错误的，不惜从一个旧成见中解脱出来，去采取一个另外的、完全新的成见。你看，为了得出这个结论，你如何不得不假想一个骗人的上帝或一个什么样的恶魔用了他的全部心机来捉弄你，虽然只要把你不信任的理

由归之于人心的不明智和自然的唯一弱点似乎就足够了。此外，你还假想你是在睡梦中以便你得以有机会对一切事物置疑并把此世所发生的一切都委之于虚幻。

但是你因此就真能够使你自己相信你绝不是醒着，而你眼前所有的和所发生的一切事物都是假的、骗人的吗？不管你怎么说，没有一个人会相信你会完全相信你所知道的一切没有一点是真的，都是感官，或是睡梦，或是上帝，或是一个恶魔继续不断地捉弄〔265〕
你。对事情直截了当、老老实实、实事求是地加以说明，而不是像人们将会反对你的那样，借助于装腔作势，捏造那些幻觉，追求那些拐弯抹角、稀奇古怪的东西，岂不是更适合于一个哲学家的坦率精神，更适合于追求真理的热诚态度吗？虽然如此，既然你认为那样好，那么我也不再多加反驳了。

对《沉思第二》的诘难

关于人的心灵的本性，以及它是比物体更容易认识的

一、关于第二个《沉思》，我看出你还没有从迷惘与幻想中走出来；不过，我也看出，你透过这些鬼影，还是认识出，这至少是真的，即受了如此迷惑的你，毕竟是一个事物；这就是为什么你下结论说：每当你说出或在心里想到“有我，我存在”这个命题时，它就必然是真的。但是我看不出你为什么需要费那么多的事，既然你

已经确实知道你存在，既然你能够从你任何别的行动上得出同样的结论，既然自然的光明明显地告诉我们，凡是起作用的东西都“有”，或都存在。

你接着又说，虽然如此，你还不大清楚你究竟是什么。我知道你这话是认真说的，我也十分愿意同意你的话，因为问题的焦点就在这上面；而且，实际上，这正是用不着绕那么大的弯，不必使用全部那些假设去追求的东西。

这以后你提出要检查一下你一直到现在认为你是什么，以便在把凡是能容有一点点可疑的东西都从那里铲除出去之后，使剩下来的仅仅是确定的、不可动摇的东西。当然你可以这样做，这是每个人都赞成的。在你按照这个美好的计划试做下去，接着又找到了你一直认为你是一个人这件事之后，你提出了下面这个问题：
〔266〕一个人是什么呢？在这上面，你故意把普通的定义抛弃掉之后，又在从前最初提到的那些东西上停下来，譬如，你有一张脸，两只手，以及你称之为肉体的其余一切肢体；还有你摄取营养、你行走、你感觉、你思想等等你归之于灵魂的东西。这些我都同意你，只要我们保持住你在心和物之间所划的区分。你说，你那时还没有进一步细想灵魂是什么；或者，如果说你进一步细想了，那就是说你曾想象它是某种较为精细的东西，好像风、火或空气，渗透并且散布到你身体的较为粗浊的那些部分里。这的确是值得注意的；但是对于物体，你毫不怀疑它是这样的本性的一种东西：能具有一定形状，能占据某一地位，能充满一个空间并把一切别的物体排挤出去，能由于触觉、视觉、听觉、嗅觉和味觉而知觉到，能以若干种方式被移动。你现在还可以把这些东西称之为物体的属性，只要你

不把所有这些东西都归之于每一种物体，因为风是一种物体，然而它却不能由视觉感觉到；只要你不把你称之为灵魂的属性的其他东西从物体的属性里排除出去，因为风、火以及其他许多种物体都是自动的，同时有推动别的物体的性质。

至于你接着说到你不认为物体有自动性，对于这一点，我看不出你现在怎么能够辩解。因为，假如按照你的说法，那么，一切物体，由其本性，必须是不动的；每个运动只能从一个无形体的本原发出；假如不借助于一个理智的或精神的能动者，水也不能流，动物也不能行走。

二、后来，你考察了，在假定了你的幻想[①]的条件下，你是否能肯定，你认为属于物体的本性的那些东西，也有一些是你所有的；接着在做了一个冗长的考察之后，你说，像这样的东西，你一点也没有。就是在这里，你开始不再把你视为一个整个的人，而把你视为你自己的最密切、最隐蔽的那一部分，也就是你在前面所认为的灵魂。**灵魂**啊！或者不管你是什么吧，请你告诉我，你曾经想象你是和风或者这样性质的别的物体一样的东西，它渗透并且散布到〔267〕
你的身体的各个部分中去；你现在已改变想法了吗？当然你没有这样做。为什么你不可以仍然是一阵风，或者是被心脏的热或不拘什么别的原因所刺激起来的、由你的最纯的血所形成的一种非常精细、非常稀疏的、散布到你所有的肢体里的精气，它，也就是你，给你的肢体以生命，并能用眼睛看，用耳朵听，用大脑想，就是

① 指笛卡尔说："……假定有某一个极其强大，并且，假如可以这样说的话，极其恶毒、狡猾的人，他用尽力量和心机来欺骗我……"——译者

这样执行着通常归之于你的一切功能？假如是这样，为什么你不是有着和你的身体同样的形状，就像罐子里装着的空气有着和罐子同样的形状一样？我为什么不会以为你同你的身体有着同一的外包，或是被那包着你的身体的皮所包的呢？为什么我不可以认为你充实着一个空间，或至少充实着你的粗浊的形体和它的最精细的部分所没有充实起来的那些部分空间呢？因为，实在说来，身体确有着一些微小的空处，你就是被散布在这些小孔里的；因此，你的部分在哪里，哪里就没有你形体的部分；这同酒和水掺和起来一样，有酒的部分的地方就没有水的部分，虽然视觉分辨不出来。既然在你所充实起来的全部小空间中，你的粗浊的身体不能同你在一起，为什么你不能从你所占据的地方把别的物体排挤出去呢？为什么我不会认为你用许多种方式自己动起来？因为，既然你的肢体由于你而接受许多种不同的运动，那么你怎么能够自己不动而把你的肢体动起来呢？的确，一方面，你自己不动，你就不能推动别的东西，因为不用力那是做不到的；另一方面，你不被身体的运动推动，那也是不可能的。假如所有这些都是真的，那么你怎么能说在你里边就没有什么东西是属于物的呢？

三、以后，在继续你的考察的时候，你说你也看到在归之于灵魂的东西里边有这样一些东西，譬如摄取营养和行走，不是在你里边的。但是，首先，一个东西可以是物而不摄取营养。其次，假如
〔268〕你就是像我们以前描写动物性的精气那样的一个物，那么，既然你的粗浊的肢体是为一种粗浊的物质所营养，而你自己是精细的，你为什么不能是为一种更精细的物质所营养的呢？再说，你的肢体是这个身体的部分，当这个身体生长时，你不是也生长吗？当它衰

弱时，你自己不是也衰弱吗？至于行走，既然你不使你的肢体动起来，你自己不把它们转移到什么地方去，它们自己就不能动起来，就不能自己转移到任何地方去，那么假如没有你这方面的任何行动，这怎么可能呢？你将回答说：**不过，假如我真的没有身体，那么我当然就不能行走**。如果你这么说，你的意图是要弄我们，或者是要弄你自己，那就用不着那么认真；如果你认真地这样说，那么不仅你必须证明你真没有你所说的身体，同时也必须证明你没有那些能行走、能摄取营养的东西的本性。

你接着又说你甚至没有任何感觉，也感觉不到事物。然而确实是你自己看见颜色，听到声音，等等。你说：**这些，没有身体是做不到的**。这话我相信；但是，首先，你有一个身体，你在眼睛里，眼睛没有你就不能看；其次，你可以是用感觉器官来作用的一种非常精细的物体。你说：**我在睡梦中好像感觉过许多我后来知道并没有感觉过的事物**。不过，虽然在你不用眼睛时似乎也感觉到非用眼睛不能感觉的事物这一点上你弄错了，可是你并没有一直犯同一的错误；还有，你从前使用过眼睛，你是用眼睛感觉和接受了影像，这才使你现在不用眼睛而能够使用影像。

最后，你注意到你在思想。当然这是不能否认的；但仍然有待于你证明的是：思想的功能超过物体的本性到如此程度，以致无论是人们称之为动物性的精气，无论是任何别的物体，不拘它们是怎样稀薄、精细、纯粹、脆弱，都不能够适于做出像能思想那样的事情。同时也必须证明，动物的灵魂也不是有形体的，因为动物思〔269〕
想；或者，假如你愿意的话，动物除了运用外感官以外，同时也内在地认识一些事物，不仅是在醒着的时候，即使当它们睡着的时候都

是这样。最后，必须证明，虽然你从来没有离开过这个粗浊、沉重的身体，从来没有同它分开而思想过任何事物，但它并无助于你的思想，从而你能够不依靠它而去思想，使你不致被有时居然给大脑引起那么多混乱的气体或那些黑而浓的烟所障碍。

四、在这以后，你得出这样的结论：**那么，确切说来，我只是一个在思想的东西，这就是说，一个心灵，一个灵魂，一个理智，一个理性**。在这里我承认我是弄错了，因为我本来想是和一个人的灵魂说话，或者是和人由之而活着，而感觉，而运动，而了解的这个内在的本原说话，然而我却是和一个纯粹的心灵说话；因为我看到你不仅摆脱了身体，而且也摆脱了一部分灵魂。在这一点上，你是追随那些古人的榜样吗？那些古人虽然相信灵魂散布于全身，却认为它的主要部分（希腊人称之为 τόήγεμονικὸν）是住在身体的某一部分，譬如在心脏里或在大脑里；并不是他们相信灵魂本身不是在这一部分里边，而是因为他们认为心灵在这个地点好比是附加在灵魂上，和灵魂结合起来，认为心灵和灵魂一起告知这一部分。不错，关于这一点，我本应该记起你在《论方法》[①]一书里所讲过的话；因为你在该书里说过，你的想法是：人们通常归之于生长、感觉的灵魂的全部职能，都不依赖于理性的灵魂；那些职能在理性的灵魂进入肉体之前就能够行使，就如同它们每天在你认为毫无理性可言的动物里边行使着的那样。但是我不知道我怎么把它忘了；也许是因为我还不能确定是否你不愿意用灵魂这个名称来称呼我

① Dis ours de la méthode 一书旧译为《方法论》；最近有人译为《方法谈》。我看最好应该按照"disours"这字当时的意义，译为《论方法》。——译者

们由之而像动物那样生长和感觉的这个内在的本原，或者是否你以为这个名称仅仅适合用于我们的心灵，虽然这个本原本来的意义是使之有生机，而心灵只是我们用以思想的东西，正如你自己所确信的那样。无论如何，我很愿意你此后被叫做一个**心灵**，愿意你〔270〕确切地说来只是一个在思想的东西。

你接着说，只有思想是与你分不开的。这却不能否认你，主要因为你只是一个心灵，而在灵魂的实体和你的实体之间，除了在学校里大家所说的那种理性的区别之外，你不承认有其他区别。不过，我还犹疑，不大知道当你说思想是与你分不开的时候，你的意思是否是说：只要你存在，你就一直不停止思想。当然在这一点上是和某些古代哲学家的思想有很大的共同之处的，他们为了证明人的灵魂不灭，说灵魂是在一种不断的运动状态中，即，按照我的了解，它一直在思想。但是对于不能懂得你怎么可能在昏睡状态中思想，怎么可能在你母亲的肚子里思想的那些人，却不好说服。再说，我不知道是否你认为早在你母亲的肚子里的时候，或者在你从你母亲的肚子里出来的时候，你已经被渗透到你的肉体里，或渗透到你的肉体的某一部分里去了。不过我不想再进一步追问你，甚至也不想问你，当你还在你母亲肚子里的时候，或刚出来的头几天，或头几个月，或头几年，你是否还记得你都想了些什么；假如你回答我说你都忘记了，我也不想再问你为什么忘记了；我只想告诉你去考虑一下，姑且不说你在那个时候几乎根本没有什么思想吧；即使有，它也应该是多么混沌，多么轻微啊。

你接着又说，你不是人们叫做人体的那种由肢体聚集起来的东西。这一点应该同意你，因为到现在你只被认为是一个在思想

的东西，只被认为是人的组合体的一个部分，这一部分有别于外在的、粗浊的那一部分。你说：**我也不是渗透在这些肢体里边的一种稀疏的空气，不是风，不是火，不是气体，也不是气息，也不是我所能虚构和想象的任何东西；因为我曾假定这些都是不存在的，而且，即使不改变这个假定，我觉得我仍然确知我是个东西。**不过，心灵
〔271〕啊[①]！请你在这里停一下，把这一切假定，或者不如说，把这一切虚构都停止下来并一劳永逸地消灭掉吧。你说：**我不是空气或类似空气的什么别的东西。**但是，假如整个灵魂是类似这样的一种东西，为什么你（人们可以说你是灵魂的最高贵的部分），你不会被认为是灵魂的最精细的花，或者灵魂的最纯粹、最活跃的部分呢？

你说：**也许我假定不存在的那些东西都是实在的东西，同我所认识的我并没有什么不同。不过对于这件事我一点都不知道，我现在也不去辩解。**然而，如果你一点都不知道，如果你不去辩解，那么为什么你说你不是那些东西？你说：**我知道我存在：而对于如此明确地取得了的这个知识，是不能取决于或得自我还不知道的东西的。**好吧；不过至少你要记得，你还没有证明你不是空气，不是气体，或诸如此类的东西呢。

五、你接着描写了你所叫做想象的是什么。因为你说：**想象不是别的，只是去想一个有形体的东西的形状或影像。**然而这是为了说明你是用一种和想象迥然不同的思想去认识你的本性。不过，既然你可以随意给想象下定义，那么我请你告诉我，假如你真

① 伽森狄称呼笛卡尔为“心灵”，而笛卡尔说伽森狄缺乏常识，不会推理，因此称呼他为“极好的肉”（拉丁文 Optima caro），当时一个教士把它译为“好的大畜生”（bonne grosse bête）。从称呼上也表现了两人心、物之争。——译者

是有形体的(可能是这样的,因为你还没有证明你不是这样),那么为什么你不能用一种有形体的形状或影像来想你自己?我问你,当你想你自己的时候,你体验了出现在你的思想里的是什么呢?难道不是一种纯粹的、明白的、精细的实体,它像一阵令人舒适的风,散布在全身,或者至少散布在大脑里,或者身体的某一部分里,使之有生机,它在那个地方行使你所认为行使着的一切职能?你说:**我承认,凡是我能用想象的办法来理会的东西,都不属于我对于我自己所具有的这种认识**。但是你并没有说你怎么认识的;而且,不久以前你说过你还不知道是否所有这些东西都属于你的本质,那么请问,你现在从什么地方可以推断出这个结果来呢?

六、你接着说:**必须小心地从这些东西上抽回他的心灵以便使它自己得以非常清楚地认识它自己的本性**。这个意见非常好;不过,在你这样非常小心地抽身回来之后,请你告诉我们,对于你的本性,你得到了什么清楚的认识;因为光说你是一个在思想的东西,你只说了一种活动(opération),而这是我们大家早已知道了的,你并没有让我们知道这个在行动着的实体是什么,这个实体的本性是什么,它怎么和身体结合起来的,它怎么并且用多少不同的办法来作用那么多不同的东西;你也并没有让我们知道直到现在我们还不知道的许多诸如此类的别的东西。你说用想象不能理会的东西就用理智去理会,你要把想象和良知等同起来;但是,好心灵啊!你能给我们指出在我们里边有好几种功能,而不是只有一种功能,我们不是只用这一种功能来一般地认识一切东西吗?当我们把眼睛睁开看太阳时,这是一种显明的感觉;然后,当我把眼睛闭上,在我心里呈现出太阳时,这是一种显明的、内在的认识。

〔272〕

然而，最后，我怎么能辨认我是用良知或是用想象功能而不是用心灵或是用理智来感知太阳，使我得以随心所欲地一会儿用一种与想象不同的理智，一会儿用与理智不同的想象，去理会太阳呢？当然，如果大脑发生了错乱，或想象力受了挫伤，理智不能行使它自己的纯职能，那时才可以真正说理智不同于想象，才可以真正说想象不同于理智。然而，既然我们看不出是这样，那么也就当然非常难以在二者之间做出一种真正的、确定的区别来。因为，像你所说，当我们思想一个有形体的东西的影像时，这是一种想象，那么，既然不可能用别的办法来思想物体，其结果不是物体只能用想象来认识吗？或者，假如物体能够用另外的办法来认识，那么那另外一种认识功能不是不能被辨认的吗？

在这以后，你说**你还不能不相信对于其影像是由思想作成的**
〔273〕**那些落于感官的有形体的东西比对于不落于想象、不知道是什么的你自己会认识得更加清楚；因此奇怪的是：一些可疑的、在你以外的东西倒被认识和了解得更加明白、清楚**。然而，首先，你说这不知道是什么的你自己，你这样做得很好，因为，实在说来，你不知道它是什么，不认识它的本性，因而你不能确定它是否不能落于想象。其次，我们的全部知识似乎都来源于感官，虽然在这一点上你不同意一般哲学家的意见（他们说：在理智中的一切都是首先曾经存在于感官中的），这也仍然不失为真的，尤其是在理智里的东西没有什么不是首先提供给感官，不是由于同感官接触（或者像希腊人所说的 κατὰ περίπτω σιν[1]）而来的，尽管它是以后才完成并且由

① 即“由于遇合”。——译者

于类比、组合、划分、增加、削减以及诸如此类的其他一些办法而改进的，这都用不着在这里谈。因而假如说自己呈现出来、本身撞击着感官的那些事物给心灵的印象比心灵自己做成的、自己按照事物的模样、根据事物曾经接触感官时那样而表象出的那些事物给心灵的印象强烈得多，那也没有什么奇怪。不错，你说有形体的东西是不确定的。但是，如果你愿意承认真理的话，那么你对于你在其中居住的身体的存在和你周围的一切事物的存在的确定程度并不比你对于你自己的存在的确定程度差。还有，你除了用思想，没有其他办法把你表明给你自己，这怎么能和具有各种办法来表明自己的那些东西来比呢？因为那些东西不仅用许多不同的活动来表明自己，同时还用许多非常可感觉、非常显明的偶性，比如用大小、形状、硬度、颜色、气味等，来表明自己，因而不必奇怪，它们虽然在你以外，你对它们倒比你对你自己认识和了解得更加清楚。但是你会对我说：我怎么会对在我以外的东西比对我自己还理会〔274〕得更好呢？我回答你说：这和眼睛什么都看得见就是看不见它自己是同样的道理。

七、你说：**那么我究竟是什么呢？是一个在思想的东西。什么是一个在思想的东西呢？那就是说，一个在怀疑，在理解，在肯定，在否定，也在想象，在感觉的东西。**你在这里说了很多，不过我并不想每一个都谈，我只想谈谈你说的你是一个在感觉的东西。因为，实在说来，我很奇怪，因为在这以前你说得恰好相反。难道也许你不是要说，除了心灵以外，在你里边还有一个物体性的功能，它住在眼睛里，耳朵里和其他的感官里，这个功能接受到了可感知的东西的形象就开始了感觉行为，而你自己接着就把这种行

为完成起来，结果是你看见、听见、感觉到一切东西？我相信你就是因为这个缘故才把感觉和想象放在思想一类里去的。我倒是愿意这样的；但是你要看看是否动物的感觉——它是和你的感觉没有什么不同的——也应该用思想这个名称来称呼；这样一来，是否在动物里边也有一个在某种方式上像你一样的心灵。然而你会说：我的位置是在大脑里，在那里我不用改变位置就接受到通过顺着神经而流动的精气给我传来的一切东西；严格说来，所谓在全身行使着的感觉就是这样地在我里边行使着、完成着。我同意；不过在动物里边同样有神经，有精气，有大脑，在大脑里边有一个能知本原，它用同样方式接受通过精气传给它的东西，它完成并且结束感觉行为。你会说，这个本原在动物的大脑里边不是别的，正是我们称之为幻想或想象功能的那个东西。但是你自己给我们指出来你在人的大脑里是别的东西而不是人的一种幻想或想象的功能吧。我刚才向你要一个论据或者一个确定的标志，通过它你可以告诉我们你是别的东西而不是人的一种幻想，但是我想你连一个也拿不出来。我知道你能够给我们指出比动物所做的活动高得多
〔275〕的一些活动来；不过虽然人是动物中最高贵、最完满的，然而无论如何，人还是动物的一种，不能从动物中被除掉；因此，虽然这非常足以证明你是一切幻想或想象中的最好的幻想或想象，但是你总不能不认为你是属于它们一类的。因为，就算你用了一个特殊的名称，把你叫做一个**心灵**吧，这可能是一个性质比较高贵的名称，但不能因此在性质上就不同了。当然，为了证明你是属于一种完全不同的性质，也就是说，像你所自称的那样，属于一种精神的或非物质的性质，那么你就应该用不同于动物产生行动的方式来产

生一个什么行动，而且，假如你不能不用大脑去产生行动，至少你应该不依赖大脑去产生一个什么行动，虽然如此，你却不这样做。因为大脑刚一昏，你自己就昏了；它一乱，你自己也乱了；它一受到压迫，全部被蒙蔽了，你也一样；如果它丢失了某些东西的影像，你也就一点影子也剩不下。你说：**在动物里所做的一切都是由于一种动物精气和其他一切器官的盲目冲动，和在钟表里或在类似的其他机器里所做的一样**。但是，即使像营养、脉搏以及诸如此类的功能（它们也和在人里边的各种功能一样）真是如此，能够肯定感官的行动，或被称为灵魂的激情的那些运动，也是由于一种在动物里边的动物精气的盲目冲动，而在人里边并不是这样吗？一块肉把它的影像投入狗的眼睛里，这个影像传到大脑以后，用一些看不见的钩子连接在灵魂上，然后，灵魂本身和全身（灵魂好像是用一些秘密的、看不见的链子一样地连接在全身上）就被吸引到这块肉上。同样的方式，人们用一块石头吓唬狗，这块石头把它的影像投出去，这个影像就好像一种杠杆一样，撬动起来灵魂和与之一起的身体去逃走。然而所有这些东西，在人里边不是这样做的吗？假如你知道还有另外一条道路，这些活动是用另外一种道路进行的，〔276〕
那么请你告诉我们吧，我们将非常感激你。你将说，我是自由的，我有能力制止或推动人去避恶趋善。但是在动物里边的这种能知本原也能做类似的事；虽然狗有时扑到食物上去，毫不怕打或威吓，但是人不是也常常有这种情况吗？你说，狗完全是由于冲动而叫，和人说话时经过事先想好的选择不一样；但是，难道就不能认为，人说话也是经过这样的一种冲动吗？因为你所归之于选择的是来自激动他的运动，这运动的力量促使他选择；即使在动物里

边，可以说，当使动物动作起来的冲动非常强烈时，也有一种选择。因为我真的看见过一只狗，按照喇叭调整它的声音，模仿喇叭所有的声调和变化，不管有多么急剧和突然，不管它的主人如何毫无秩序地、随心所欲地抬高或者降低，拉长或者缩短喇叭的声调。你说，动物没有理性。不错，没有人的理性，但是它们有一种按照它们的样式的理性，这种理性使得我们，如果不是同人来比较的话，不能说它们是无理性的；再说，言辞或理性似乎是一种功能，这种功能同它们用以认知、通常被叫做内感官的那种本原或功能一样普遍，一样能够合法地为它们所有。你说它们不能推理。但是，虽然它们的推理不像人们的推理那样完善，那样广泛，它们还是能够推理的，它们的推理和我们的推理之间，只存在程度上的不同。你说它们不能说话。但是，它们虽然不能像人们那样地说话（因为它们不是人），却能按照它们的方式说话，发出它们所特有的声音，它们使用那些声音就像我们使用我们的声音一样。然而你说，甚至一个傻子也能凑起几个字来表示一个什么事物，而最聪明的动物也做不到这样。但是我请你看看你要求一个动物说出一个人说的话而不注意到它们自己特有的话，这是否公平合理。不过，所有这些东西，辩论起来长得很。

〔277〕 八、你接着提出蜡的例子。关于这一点，你说了好几件事来表示**人们叫做蜡的偶性**[①]**的那些东西并不是蜡本身或蜡的实体，能够清清楚楚理会蜡或蜡的实体的只是心灵自己或理智本身，而**

---

① accidents，譬如蜡的形状、软硬、香味等，这些东西虽然改变了或消灭了，但不影响主体的存在，因此叫做蜡的“偶性”。——译者

不是感官或想象。但是首先，能够从蜡的偶性的概念中抽象出蜡或蜡的实体的概念来，这是大家都同意的。但你能因此就说你清清楚楚地理会了蜡的实体或本性吗？诚然，除了颜色、形状、可融性等等以外，我们理会到还有一种东西，它是我们所观察到的这些偶性和变化的主体；不过要说这个主体是什么东西或可能是什么东西，我们当然不知道，因为它永远是隐蔽着的，我们仅仅是用猜测的办法来判断应该有个什么主体好像支柱或基础一样托住蜡可能有的一切变化。因此我很奇怪为什么你敢说在你把蜡，简直就像脱掉它的衣服一样，把它的一切形式都去掉之后，你更明白、更完满地理会了它是什么。因为，我同意你理会到蜡（或者更恰当地说，蜡的实体）应该是和它的一切形式不一样的；不过你不能说你理会到了它是什么，假如你没有意图来欺骗我们，或者你不想欺骗你自己的话。因为这不像一个人那样明显。对于一个人，我们只看见了衣服和帽子，我们想知道他到底是什么，只要脱掉他的衣服和帽子就行。然后，既然你以为用某种方式了解了这个东西，那么我请你告诉我们，你是怎么理会它的？是不是把它理会成为一种可融的、有广延的东西？因为，我想你不是把它理会为一个点，虽然它有时大有时小。这样的一种广延既然不能是无限的，而是有其界限的，那么你不能也以某种方式把它理会为有形状的吗？然后，既然把它理会为好像是你看见了它，那么你不能给予它一种颜色吗，尽管这种颜色是非常模糊不清的？当然，你既然把它视为比〔278〕
纯粹的空虚有更多一点的物体和物质，那么对你来说它似乎是更可见的；由此可知，你的理智是一种想象。假如你说你把它理解为没有广延，没有形状，没有颜色，那么请你老老实实告诉我们它是

什么。

你说我们看见了并且由我们的心灵理会了一些人，虽然我们看见的却是他们的帽子和衣服。这话并不能给我们说明是理智而不是想象功能在判断。事实上，一只狗（你不同意它有一个和你的一样的心灵）不是用同样方式判断吗？它不是仅凭看到了它主人的衣服或帽子就能认出来它的主人吗？还有，不管它的主人是站着，是躺着，是弯着身子，是蜷缩着或是伸展着，它不是总能认出它的主人，虽然它的主人可以用所有这些形象而不是只用这一种而不用那一种形象表现出来，和蜡一样。当它追逐一只野兔，它首先看见它活着，然后又看见它死了，剥了皮，切成一块块的，你想它不认为这还是原来的野兔吗？因此，你所说的**对于颜色、软硬、形状等等的知觉不是看，也不是摸等等，而只是心灵的一种观察**，这话我同意，不过，心灵要同想象功能实际上没有分别才行。但你又接着说：**这种观察可以是片面的、模糊的，也可以是全面的、清楚的，这要根据对于组成蜡的那些东西所进行的研究的程度而定**。这就不能给我们说明心灵对于在蜡里边的那种超乎它的外在形象以外的、我不知道是什么的那种东西所进行的观察是对于蜡的一种明白、清楚的认识，而只说明感官对于自己在蜡上所能注意到的一切偶性，对于蜡所能有的一切变化，所进行的研究或观察。从这上，不错，我们能够了解和解释我们用蜡这个名称所指的是什么东西；但是，能够了解，甚至也能够让别人理会这个越是赤裸裸地来看就越是莫名其妙的实体是什么，对于我们来说却是一件完全不可能的事。

〔279〕 九、你紧接着说：**关于这个心灵，或更恰当地说，我自己，因为**

直到现在我在我自己里边只接受了心灵，我将说什么呢？关于好像那么清楚、明白地理会了这块蜡的这个我，我要说什么呢？我对我自己认识得难道不是既更加真实、确定，又更加清楚、明白吗？因为如果说由于看见蜡而断定有蜡、蜡存在，那么由于我看见蜡，因此有我、我存在这件事当然也就越发明显，因为可能我所看见的，事实上不是蜡；也可能我甚至没有眼睛看任何东西；但是当我看见的时候，或（关于这一点，我不去加以分别）当我想是看见的时候，这个在思想的我倒不是什么东西，这是不可能的。同样，如果由于我摸到了蜡而断定它存在，其结果也是一样。我在这里关于蜡所说的话也可以应用到外在于我、在我以外所遇到的其他一切东西上去。这些都是你自己的话，我把这些话拿过来是为了使你注意，它们的确是证明了由于你看见和清楚地认识了那块蜡的存在和所有那些偶性，因而你清楚地或不清楚地认识了你存在，但是这些话不能因此证明你清楚地或不清楚地认识了你是什么或什么是你的本性；而恰恰这是必须主要加以证明的，因为人们并不怀疑你的存在。我在以前没有进一步提出我的意见，现在我也不想坚持，不过请你注意：在你里边除了心灵以外你什么都不接受，为了这一点，你甚至不愿意同意你有眼睛、手以及身体的任何别的器官，可是你谈到你所看见，你所摸到……的蜡和它的偶性，而这些，实在说来，假如没有眼睛，没有手，你就不能看见，不能摸到，或者按照你的说法，也不能想是看见，想是摸到。

你接着说：然而，如果说蜡在不仅经过视觉或触觉，同时也经过很多别的原因而被发现了之后，我对它的概念和知识好像是更加清楚、明白了，那么我对于我自己的认识岂不是应该越发更加明

〔280〕**显、清楚、明白了吗？因为一切用以认识和理会蜡的本性或别的物体的本性的道理都更加容易、更加明显地证明我的心灵的本性！**但是，既然你所推论关于蜡的东西，都只能证明人们知道心灵的存在，而不能证明它的本性，同样，其他一切也不会证明出更多的东西来。即使除此而外你想要从对蜡的实体的这一知觉中推论出别的什么东西，你也只能得出这样的结论，即：既然我们对于这个实体只不过是理会得非常模糊，只不过是把它理会成为我不知道是个什么，那么同样，心灵也只能以这种方式而被理会，以致的确可以在这里重复你在别处说过的话：**我不知道是什么的那个你自己。**

你最后说：**然而我终于不知不觉地回到了我原来想要回到的地方；因为，既然这是我现在弄清楚了的一件事，即心灵以及物体本身不是用感官或想象功能所能真正认识的，而是只有用理智才能认识的，而且它们不是由于被看见了或被摸到了才被认识的，而只是由于被思想所理解了或者了解了才被认识的，那么我非常显然地认识了没有什么对我来说比我的心灵更容易被认识的了。**对你来说，这话说得很好；但是对我来说，我看不出你从什么地方能推论出，对于你的心灵，除了它存在以外，还能清清楚楚地认识别的东西。因而我也看不出这个《沉思》[①]的标题本身(即《人的心灵是比物体更容易认识的》)所许的愿已经实现了；因为你的计划不是要证明人的心灵的存在，或人的心灵的存在比物体的存在更清楚，因为肯定的是没有人怀疑它的存在，你无疑的是想要使它的本性比物体的本性更加明显。不过我看不出你做到了什么。谈到物

① 即《沉思第二》。——译者

体的本性时，你，心灵啊！你自己曾说过，关于物体，我们认识了许多东西，例如广延、形状、运动、对地位的占据等等。然而关于你自己，除了你不是有形体的一些部分的一种聚集，不是空气，不是风，不是一种在行走或在感觉的东西等等以外，你说了什么？但是，即使我们同意了你所有这些东西（虽然你自己反对了其中的某几〔281〕
个），这也并不是我们所期待的；因为，实在说来，所有这些东西都不过是一些否定，而我们并不要求你向我们说你不是什么，而是要求你告诉我们你是什么。

因此你终于说你是一个**在思想，也就是说，在怀疑，在肯定，在否定……的东西**。但是，首先，说你是一个东西，这一点都没有说到已知的什么；因为“东西”是一个一般的、泛泛的、不确指的词儿，它对你并不比对世界上一切东西更合适，并不比一个不是纯粹“什么都不是”更合适。你是一个东西，那就是说你不是一个“什么都不是”，或者换言之，但意思完全一样，即你是一个什么东西。但是，一块石头也不是一个“什么都不是”，或者，假如你愿意的话，是一个什么东西；一个苍蝇也是一样，世界上所有的东西都是这样。然后，说你是一个在思想的东西，这倒是真的说到已知的东西了，但它在以前并不是未知的东西，它也不是我们所要求于你的；因为有谁怀疑你是一个在思想的东西？但是我们所不知道的，我们因而希望要知道的，是认识并深入到专以思想为其职责的那个实体的内部。因此，我们所追求的，也是你应该得出结论的，并不是你是一个在思想的东西，而是以思想为其属性的这个东西是什么。怎么啦！假如请你对于酒给我们一个更准确、高于寻常之见的知识的话，你以为光说酒是葡萄挤出来的液体的东西，它有时是白

的，有时是红的，它是甜的，能醉人等等就算满足了，而不想尽量揭露和表明它的实体的内部，指出这个实体如何由酒精、蒸馏液、酒石酸以及其他若干部分以适当的分量、适当的温度混合到一起而构成的吗？因此，既然大家期待你，而你也答应关于你自己给我们一个比寻常之见更准确的认识，那么你自己会判断像你那样做的，即对我们说你是一个在思想、在怀疑、在理解……的东西，那是不够的；你应该对你自己做一番像化学分解那样的工作，使你能够给
〔282〕我们揭露并且使我们认识你的实体的内部。当你这样做了以后，要由我们来检查一下，看看比起物体来（它的本性已经由解剖学、化学、那么多不同的技艺、那么多的感觉和那么多不同的实验给我们表明得如此清楚了），是否你更被认识了。

对《沉思第三》的诘难

关于上帝，以及上帝存在

一、首先，你认为对于我是一个在思想的东西这个命题的清楚、明白的认识，是你所具有的确定性的原因，你从这里推论出，你能够把**凡是我们理会得非常清楚、非常明白的东西都是真实的**这一条定为总的准则了。不错，一直到现在我们还没有在人类事物的暗昧之中找出我们关于确定性的更可靠的准则，不过，既然有那么多伟大的学者，他们虽然似乎本来已经非常清楚、非常明白地认识了许多事物，却认为真理是存在于上帝的心里或者是高深莫测

的，那么难道不能怀疑这个准则可能是错误的吗？当然，在怀疑论者们所说的话以后（你一定知道他们的论据），从认识得清楚的一件事物里我只能得出事物真的就像它们对每个人所表现的那样；除此而外，我们还能保证什么真理呢？举例来说：我清楚、明显地感觉到瓜的味道很好吃，因此瓜的味道对我来说就真是这样；但是如果因此就说这个味道在瓜里真的就是这个样子，那我怎么能相信呢？因为在我年轻时和在我的身体健康情况非常好的时候，我认为它并不是这样，我那时明明白白地感觉在瓜里有另外一种味道。甚至我现在还看到有不少人并不认为它好吃；我看见有不少动物的味觉非常灵敏，体格非常强壮，但它们的感觉并不和我的一样。那么难道“真”反对它本身吗？或者换言之，难道一个事物，虽然它被清楚、明白地理会了，它本身却不是真的，而实际上只是被清楚、明白地理会为真的吗？对于心灵的东西，也几乎一样。我从〔283〕
前曾经起过誓说，从一个小量达到一个较大的量，不可能不经过一个相等的阶段；我曾经以我的生命来赌咒说，两条不断接近的线，如果延长到无限，不可能最后不相交。我觉得这些事情是如此清楚、明白，以致我把它们当作非常真实、毫无可疑的定理；而后来却有些理由使我相信不是这样，因为我把相反的东西理会得更清楚、更明白了；即使现在，当我想到数学假定的性质的时候，我还免不了对它们的真实性感到某些怀疑和不信任。因此我承认人们可以说我是真的按照我假定或我理会量、线、面等的性质而认识这样的和那样的一些命题；然而至于说它们本身因此就是我所理会的那个样子，这却不能加以肯定。虽然这是数学上的真理，不过这与现在所谈的其他的事物有关，因此我问你：为什么在人们之间有那么多不同的见解？每个人都认为他非常清楚、非常明白地认识了他所辩护的见解。你不要说他们之中大部并不坚持他们的意见，或者说他们不过是装腔作势说他们理解得很清楚；因为我知道有许多人将以自己的生命来坚持他们的意见，尽管他们也看见别人也以同样的热情坚持反对的意见，除非你也许这样地认为：甚至到这最后时刻他们还伪装他们的感情，还不到从他们的良心的最深处把真话拿出来的时候。当你说你早先把许多事物当作非常确定、非常显然地接受了下来之后你又看出它们是可疑的、不确定的时候，你自己也碰到这样的问题；不过你是把这个问题悬而不决，也不去证实你的准则；你只是利用这个机会去论述你可能由之而受到了欺骗的观念，你把那些观念认为是表象在你以外的什么东西，而这些在你以外的东西也许并不存在；在这以后你再一次谈到一个骗子上帝，你可能在“二加三等于五”、“一个正方形的边不能多
〔284〕于四个”这些命题的真实性上受到这个骗子上帝的欺骗，以便由之而向我们指出必须等到你证明出来有一个不可能是骗子的上帝的时候才来证实你的准则。实在说来，你用不着费那么大的力气去证实那个非常容易使我们把假的当作真的接受下来并且引导我们误入歧途的准则；而最必要的是你应该教导我们一种好的方法，使我们学会指导我们的思想，使我们知道：每次当我们以为清楚、明白地理会了什么事物时，我们到底是弄错了，还是没有弄错。

二、在这以后，你把观念（在它们作为影像这一点上，你想把它们算做是思想）分为三种：有些是与我们俱生的，有些是来自外界的、外来的，还有些是由我们制造和捏造的。在第一类下面你放上你对于一般称之为一个东西、或一个真理、或一个思想所具有的

理智；在第二类下面你放上你对于你所听到的声音，你所看见的太阳，你所感觉到的火所具有的观念；在第三类下面你放上你自己所虚构和捏造的人鱼、鹭马以及诸如此类的怪物。接着你说也许你所有的观念都是外来的，或者都是与你俱生的，或者都是由你创造的，因为你还没有足够清楚、明白地找出它们的来源来。因此为避免错误(可能一直到观念的来源完全被认清以后，错误也还会发生)起见，我想现在请你注意：似乎是全部观念都是外来的，它们是由存在于理智以外的事物落于我们的某一个感官之上而生起的。因为，实际上，心灵不仅有(甚至可以说它本身就是)理会从外在对象发出，通过感官而达到心灵的那些外来的观念的能力，有把这些观念赤裸裸地、清清楚楚地理会为就是心灵本身所接受它们的那个样子的能力；而且也有把这些观念各式各样地加以集合、分割，加以放大、缩小，并用其他若干方式加以对比、组合的能力。这样一来，至少你所建立的第三类观念就和第二类观念毫无区别；因〔285〕
为，一个狮头羊身龙尾怪物的观念实际上和一个狮头的观念、一个羊身[①]的观念、一个蛇尾的观念并没有什么不同，心灵把它们聚集起来，组成为一个单一的观念；因为，把它们分割开来看，或对每一个加以个别的观察时，它们都是外来的，来自外界的。同样，一个巨人的观念，或者是人们理会为像一座山，或者是，假如你愿意的话，像世界那样大的人的观念，就是心灵任意加以放大的一个普通高度的人的外来观念，而心灵把这个观念越放大，理会得就越模糊。同样，从来没有见过的一个金字塔的观念，或者一个城市的观

① 原文是羊肚子。——译者

念，或者其他任何东西的观念，就是人们以前见过的一个金字塔或一个城市的外来的、多少改样了的，因而是模糊的观念，心灵把这个观念加以某种方式的增添、划分和类比。

至于你所称之为自然的，或是你所说的与我们俱生的那一类观念，我不相信有任何一种观念是属于这一类的，我甚至认为人们以这个名称称谓的一切观念似乎都是外来的。你说：**由于我的本性使然，我能够领悟一般称之为一个东西的是什么**。我想你不是指领悟功能[①]本身说的，关于这个功能，并无可怀疑之处，在这里也不是问题之所在；我想你是指东西的观念说的。你也并不是指一个特殊东西的观念说的；因为太阳、这块石头以及一切个别的东西，都是属于你所说的其观念是外来的而不是天然的那一类东西。你指的是一种被一般地考虑、作为有的同义语并有着和有相等的广延的东西的观念。然而，请问你假如不是同时在心灵里有那么多的个别东西，心灵把这些东西抽象出来，作成一个一般地适合于一切东西而不是特殊地适合于一个东西的一种概念或一种观念的话，那么这一般的观念怎么可能在心灵里呢？假如一个东西的观念是天然的，那么一个动物的观念，一个植物的观念，一块石头的观念，以及一切普通观念当然就都是天然的，而我们就用不着费那
〔286〕么大的事去把许多个别的东西加以辨识，以便在把所有不同点去掉之后，我们得到的只是对各个东西都有共同性的东西，或者是（这也一样），以便得以由之而做成一个类的观念。你还说你的本性使你能够"领悟真理是什么"，或者，把这话诠释出来是，真理的

① 即"理智"。——译者

观念天然地印到你的灵魂里。但是，假如真理只是判断和所判断的事物二者之间的一致性而不是别的，那么真理就只是一种关系，因而它就不能同事物本身和事物的观念二者之间的比较中分得开，或者（这也没有什么两样）就不能同事物的观念分得开，因为事物的观念不仅有表象它自己的性质，同时也有如实地表象事物的性质。既然观念同事物一致，或者，既然观念事实上如实地表象事物，那么真理的观念和事物的观念就是一回事；因此，假如事物的观念不是与我们俱生的，假如事物的观念是外来的，那么真理的观念也是外来的，而不是与我们俱生的。这一点既然适合于每个特殊的真理，也能适合于被一般地考虑的真理，这种真理（像我们刚才谈到一般的事物的观念时所说的那样）是从每个特殊的真理的概念或观念中抽出来的。你还说“领悟什么是思想”，这对你来说是天性使然的（换言之，像我一向诠释的那样），思想的观念是与你俱生的，并且对你来说是天性使然的。然而，心灵能从一个城市的观念做成另外一个城市的观念，同样，它也能从一个行动的观念（比如说一个看的观念或一个类似的别的行动的观念）做成另外一个行动的观念（比如说做成一个思想本身的观念）；因为在认识的各功能之间总有某种关系和类比，使得很容易从一个去认识另外一个。实在说来，多么不应该费很大力气去知道思想的观念是属于哪一类的。我们最好应该留着我们的精力去考虑心灵本身的或灵魂的观念。假如我们一旦赞成这个观念是与我们俱生的，那么要说思想的观念也是与我们俱生的就没有什么不合适了。这就是为什么应该等待着心灵的观念是天然地在我们之中这件事被证明出来。

〔287〕 三、在这以后，似乎你不仅怀疑是否某些观念是来自存在于我们以外的一些事物，甚至怀疑是否在我们以外就根本没有事物存在。从这里你似乎推论说，虽然你在你的心里具有人们称之为外在的事物的观念，但是这并不等于说这些事物存在于世界之上，因为你所具有的观念不是非从这些事物来的不可，而可能是或者来自你自己，或者由你所不知道的什么别的方式放进你的心里的。我想也就是由于这个缘故在不久以前你不说**你知觉到了地、天和星辰**，而只说**你知觉到了地、天和星辰的观念，你可能受了这些观念的骗**。如果你还不相信有地，有天，有星辰，那么请问为什么你在地上走？为什么你抬起头来观察太阳？为什么你靠近火炉取暖？为什么你吃饭来解饿？为什么你转动舌头来说话？为什么你手里拿笔来给我们写你的思想？当然，这些事情很可能是说出来的，或者是巧妙地捏造出来的，不过人们费不了多少事就可以揭穿这种欺骗；既然你不可能真的怀疑这些事物的存在，你不可能不是很清楚地知道它们存在于你之外，那么就让我们严肃地、老老实实地对待这些事物，让我们习惯于按照事物是什么样就把它们说成什么样吧。但是，假如你想，一经假定了外在事物的存在，我们就不能充分地证明我们所具有的观念是从它们身上搬过来的，那么你就不仅要回答你自己所提出的疑难问题，而且还要回答人们可能给你提出的一切反对意见。

为了指出我们对这些事物所具有的观念是来自外面的，你说**似乎是自然这样教导我们的，似乎是我们体会出来这些观念不是来自我们、不依于我们的意志为转移**。但是，不必光讲一些道理和它们的解决办法，也应该在其他许多疑难问题之中讲讲和解决一下这个问题，即为什么在一个天生的瞎子的心里没有任何颜色的观念，或者在一个天生的聋子的心里没有任何声音的观念，是不是〔288〕因为这些外在的东西本身没有能够把它们自己的影像送到这个残废人的心里，由于一生下来这些道路被障碍所堵塞住了而它们没有能够打通。

在这以后，你又借用太阳为例，说**对太阳，我们有两种很不同的观念：一种是我们通过感官接受过来的，根据这个观念，我们觉得太阳非常小；另外一个是从天文学的道理中得来的，根据那个观念，我们觉得太阳非常大。然而，在这两个观念里边，那个不来自感官，而是从与我们俱生的某些概念中抽出来的，或是由我们用另外的不拘什么方法制造出来的那个观念是最真实的，最和太阳本身相符的**。但是人们可以这样回答：太阳这两个观念都像太阳，都真实，或者说都与太阳相符，只是在程度上一个较多一些，另一个较少一些罢了，正如同对同一个人的不同的两个观念，其中一个是从十步以外给我们送来的，另一个是从一百步以外或一千步以外给我们送来的；两个都像那个人，都真实，都相符，只是在程度上前一个较多一些，后一个较少一些罢了；因为来自较近的那个观念比来自较远的那个观念缩小得较少一些。你看我会是多么容易地用很少的几句话就能给你解释，假如在这里可以这样做，并且你同意我的原则的话。再说，虽然我们不是用别的办法，而只是用心灵来知觉太阳这个巨大的观念，但是这并不等于说这个观念是从天然地在我们心里的什么概念中得出来的；而可能是由我们的感官所接受的这个观念（完全符合于依靠理性的经验告诉我们：同样的东西距离我们远的时候就比距离我们近的时候显得小）是随着太阳

距离得如此远，它的直径等于地球的那么多的半径[①]，而被我们的心灵加大了多少倍。你想要看看自然怎么一点都没有把这个观念放在我们心里吗？你在一个生来就是瞎子的心里去找吧。你将看到，首先是这个观念在他的心里既没有颜色，也没有光；接着你将看到，它并不是圆的，假如不是谁告诉他，假如他事先不是拿到什么圆的东西的话；你最后将看到它并不是那么大，假如不是理性或权威使他扩大他所理会的这个观念的话。但是，让我们再多说一点而不〔289〕是过甚辞，我们这些人观察了那么多次太阳，考量了那么多次太阳的表面直径，推论了那么多次太阳的真实直径，我们对于太阳所有的观念或影像和一般人的不相同吗？不错，理性告诉我们太阳比地球大一百六十多倍，然而我们因此就具有一个这样巨大的物体的观念吗？我们尽我们所能地放大我们通过感观接受来的这个观念，我们的心灵尽其所有的力量对它加以扩大，但是最后我们的心灵自己就闹不清了，越弄越糊涂；如果我们要有一个太阳的清楚的思想，我们就必须借助于我们通过感官的媒介而接受来的观念。如果我们相信太阳比我们看到的那个样子大得多，假如我们的眼睛距离它更近，它就会接受一个更宽广得多、更巨大得多的观念，这也就足够了；但是我们的心灵必须满足于我们的感官给它提供的那个观念，那个观念是怎么样，我们的心灵就必须把它看成是怎么样。

四、在这以后，你承认了在观念与观念之间的不等性和分歧性，接着你说：**的确，给我表象了实体的那些观念无疑地是比仅仅给我表象了样式或偶性的那些观念更多一点什么，本身包含着（姑**

① 原文如此。——译者

且这样说）更多的客观[1]**实在性；最后，我由之而理会到一个至高无上的、永恒的、无限的、全能的、除他自己以外的一切事物的普遍创造者的上帝的那个观念本身比给我们表象了有限的实体的那些观念无疑地要有着更多的客观实在性。**你的心灵在这里带领你跑得真快，因此必须把它稍微停住一下。不过我并不想首先问你用客观的实在性这几个字，你指的是什么意思；只要我们知道下面这一点就够了：普通说外在的东西是形式地[2]和实在地在它们本身之中，但客观地或由于表象而在理智之中，这句话你好像只想说观念应该完全符合于它由之而成为观念的那个事物；因而它所含有的对象没有一点不是实际上在那个事物里边所有的，而被它所表〔290〕
象的事物本身所含有的实在性越多，它表象的实在性也就越多。我知道你紧跟着就区分了客观的实在性和形式的实在性。形式的实在性，我想它就是观念本身，它被视为不是表象什么东西，而是一个单独的存在，本身有着某种实体（entité）。但是，不拘如何，肯定的是，观念和它的客观实在性都不应该按照事物本身所有的全部的形式实在性而被衡量，而只是按照心灵所认识的那一部分，或换言之，按照心灵所有的认识而被衡量。因此，当然，人们将说，对于

① “客观的”（objectif），或“客观地”（objectivement），在十七世纪的含义和今天的含义不同，在笛卡尔的用法是：仅就其在观念上的存在而言的就叫做“客观的”，或“客观地”存在。在十七世纪，“客观的”一词的反义词不是“主观的”，而是“真实的”或“形式的”。——译者

② “形式的”（formel），或“形式地”（formellement），在笛卡尔的用法是：存在于我们所具有的观念所表象的东西之上，亦即真实地、实在地存在于我们的观念之所本的对象上。——译者

一个你经常看见的、你仔细观察过的、你从各方面都看见过的人，你心里对于这个人的观念是非常完满的；然而对于你仅仅是顺便看到过一次的、你没有很好看过的人，你所得到的观念是非常不完满的；而假如你没有看见本人，你只看见他的帽子遮盖住脸，只看见他的衣服遮盖住全身，那么人们一定会说，你没有这个人的观念，或者，假如你有这个人的观念，那个观念也是极其不完满、极其模糊的。

由此我推论出，我们对于偶性，可以有一个清楚的、真实的观念，但是对于被蒙蔽的实体，我们充其量只能有一个模糊的、假造的观念；因此，当你说**在实体的观念里比在偶性的观念里有更多的客观实在性**的时候，人们应该首先否认他们对于实体能够有一个素朴的、真实的观念，因而人们也就不能从这个观念得出任何客观实在性；其次，即便承认了你这一点，人们不能说实体的观念里的客观实在性比偶性的观念里的客观实在性更大，因为它所有的实在性都是从偶性的观念中搬过来的，我们在前面说过，实体就是从偶性，或者说，就是按照偶性的方式，而被理会的，我们说过，实体只能当做有广延的、有形状的、有颜色的……的东西而被理会。

关于你接着说的上帝的观念，我请你告诉我，既然你还不确知他是否存在，你怎么知道他通过他的观念向我们表象为一个永恒
〔291〕的、无限的、全能的、万物之创造者……的东西呢？你为你自己所造成的这个观念难道不是来自你以前对他的认识，即他就是不只一次地被人在这些属性之下介绍给你的吗？因为，实在说来，假如你从未听人说过这样的事，你会把他描述成这个样子吗？你也许会对我说，现在不过是拿他作为例子，你还一点没有给他下定义呢。好吧；不过你要注意，不要以后拿它作为一个臆断来提。

你说在一个无限的上帝的观念里所具有的客观实在性比在一个有限的事物的观念里所具有的客观实在性多。然而，首先，既然人类心灵理会不了无限性，那么它也既不能具有也不能想得出一个表象着无限的东西。从而，谁要说一个无限的东西，谁就是给一个他所不懂得的东西加上一个他所不理解的名字。还有，既然这个东西扩大到超出了他的全部理解能力，那么归之于这种扩大的这个无限性或者这个否定词[①]，对于其智慧永远被限制在某些框子之内的人来说，是不能理解的。再说，我们习惯于加到上帝身上的所有这些高尚的完满性似乎都是从我们平常用以称赞我们自己的一些东西里抽出来的，比如持续、能力、知识、善、幸福等等，我们把这些都尽可能地加以扩大之后，说上帝是永恒的、全能的、全知的、至善的、完全幸福的，等等。

这样一来，不错，上帝的观念就表象了所有这些东西，不过，既然这个上帝的观念是按照我前面所描述的样子从各种有限的事物的观念组成然后加以扩大的，那么它就不能比各种有限的事物总和起来有着更多的客观实在性。因为，谁说永恒，谁也并不能在他的思想里领会这个无始无终的时间全部过程；谁说全能，谁也并不能理解可能的全部纷繁复杂的结果；至于别的属性也一样。最后，有谁可以说是具有一个上帝的整个的、完满的，也就是说，如实地表象了上帝的观念呢？假如上帝就像我们所理会的那个样子，假如上帝只有像我们看到在我们心里的那么一点点完满性（尽管我们理会这些完满性在上帝里更为完满得多），那么上帝也就没有什

① 即“有限”一词的否定。——译者

〔292〕么了不起！上帝的大小和人的大小这二者之间的比率，比起大象和小蛆二者之间的比率来，不是要小到无限倍吗[①]？假如说有谁按照他在小蛆里看到的完满性的模样做成一个观念，想要说他这样做成的观念是一个大象的观念，并且说这个观念如实地表象了大象，假如这个人是可笑的话，那么谁要是按照人的完满性的模样做成一个观念，想要说这个观念就是上帝本身的观念，并且说这个观念完满地表象了上帝，这个人为什么不值得嘲笑呢？还有，我请问你：我们怎么知道我们在我们自己里所找到的这一点点完满性也在上帝里找到呢？在承认了这一点之后，我再请问你：从这里我们能够给他想象出来的本质可能是什么呢？当然，上帝是无限倍地超过全部理解力的；当我们的心灵要把它自己应用到对上帝的观察上去时，它不仅看得出它自己是太渺小了，理解不了他，同时它会看不清道理，并且自己也弄糊涂了。因此不可能说我们对上帝有任何真正的观念，这个观念如实地给我们表象了上帝。只要这样说就足够了：我们按照在我们里边的那些完满性的程度来产生、做成一个观念，这个观念适合我们的渺小，也恰好适合我们的用处，它并不超出我们的理解能力，不包含我们以前在别的事物里边所没有认识到的，或从别的事物里边没有知觉到的任何实在性。

五、你接着说：**凭自然的光明**[②]**，显然可以看出，在动力的**[③]、

① 比如$\frac{1}{100}$就比$\frac{1}{10}$小10倍。——译者

② “自然的光明”指理性而言。——译者

③ 亚里士多德哲学里四种原因之一。亚里士多德的四因是：(1)质料因；(2)形式因；(3)动力因；(4)目的因。——译者

总的原因里，一定至少和在结果里有一样多的实在性。你用这话来推论说，在观念的原因里所有的形式实在性一定至少和观念所包含的客观实在性一样多。这一步也还是迈得太大，我们最好还是停一停。首先，在结果里的东西没有不是在它的原因里的这句普通话，似乎指的是质料因，而不是动力因；因为动力因是个外在的东西，而且它的性质常常是和它的结果的性质不同的。即使说一个结果从动力因得到它的实在性，然而也不一定结果里所有的就是动力因本身所有的，结果可以有一个动力因从别处搬过来的实在性。这在艺术的结果里看得很清楚；因为，房子虽然从建筑师〔293〕那里得到它的全部实在性，但是建筑师给予房子的实在性并不是他自己的，而是从别处搬过来的。太阳所做的事情也一样，它以不同方式改变地上的物质，它由于这个改变而产生各种动物。再说做父亲的和做母亲的也是这样，虽然孩子从他们身上接受到一点质料，然而不是作为一个动力本原，而是作为一个质料本原得到它。你反驳说**在一个结果中的有一定是形式地或卓越**[①]**地在它的原因里**，你想要说的不过是：结果的形式和它的原因的形式有时相同，有时不同，但是不如它的原因的形式完满，因此原因的形式就比它的结果的形式更高尚。然而这并不等于说，卓越地包含了结果的原因把它自己的有的什么部分给它的结果，或者说，形式地包含了结果的原因把它自己的形式分给它的结果。因为，虽然用种子的办法生化的生物，在它们的生化中是这样做的，但是我想你不

① “卓越地”(éminement)存在，指存在于高于自己而且包含了自己的东西上。一个东西可以有三种存在方式：(1)客观地存在；(2)形式地存在；(3)卓越地存在。前两种已见于前面的注解中。——译者

能说，当一个做父亲的生他的儿子的时候，是把他的有理性的灵魂切下来一部分给了他的儿子。总之，动力因只有当它能够用某一种质料形成它的结果并且能够把它最后的完满性给与这个质料时才包含它的结果。

后来，关于你所推论的**客观实在性**，我举我自己的影像来做例子说明。我的影像可以从镜子里来观察，也可以从一个画家画的画像上来观察。既然我自己是镜子里的影像的原因由于是我自己把我的影像投到镜子里去的，而画家是画像上的影像的原因，那么同样，当我自己的观念或影像是在你的心灵里或在别人的心灵里时，人们可以问，是否我自己是这个影像的原因，由于是我把我的形象投到眼睛里去，并且通过眼睛的媒介达到理智本身；或者是否有一个别的什么原因，它像一个技艺熟练、精细的画家一样，把它刻画、贴放在理智里。但是，似乎不必从我以外寻找别的原因；因〔294〕为，虽然理智后来能够把我自己的这个影像随意加以放大、缩小、组织、捏揉，不过不拘如何，我是它本身所有的全部实在性的第一和主要原因。这里说到我的东西，也应该同样应用到其他一切外在对象上。你现在把归于这个观念上的实在性区分为二：形式的实在性和客观的实在性；说到形式的实在性，它不可能是别的，只能是这种精细的、稀疏的实体，这种实体不停地从我流出或发出，而一旦被收到理智里边就变成一个观念。如果你不愿意说来自对象的这种东西是一种实体的流动的话，那么你愿意怎么说就怎么说吧，你总免不了要减少它的实在性的。至于说到客观的实在性，它不可能是别的，只能是这个观念所具有的我自己的表象或形象，或者至多是使这个观念的各部分得以把我表象出来的配合和安

排。不管你把它当成什么，但无论如何我看不出它有一点是实在的，因为它仅仅是在与我有关的各部分之间的一种关系；或者它是形式的实在性作为是这样子而不是那样子地被安排和处理的一种样式。不过这没有多大关系，既然你愿意，那么我也同意它被叫做*客观的实在性*。提出了这个问题以后，我觉得你应该把这个观念的形式实在性拿来同我自己的形式实在性或者同我的实体比较，把它的客观实在性拿来同我的身体的各部分的配合或者和我自己的轮廓和外表比较；而你却高兴把它的客观实在性拿来同它的形式实在性比较。最后，不管你用什么方式来解释前面这个定理，显然不仅在我里边所有的形式实在性同在我的观念里边所有的客观实在性一样多，而且这个观念的形式实在性同我的形式实在性比较起来，也就是说，同我的全部实体的实在性比较起来，简直就算不了什么。因此我同意你所说的，**在一个观念的原因里所有的形式实在性一定至少同在这个观念里所有的客观实在性一样多**，因为在一个观念里所包含的一切东西同它的原因比较起来，简直就算不了什么。

六、你接着说，假如在你心里有一个观念，它的客观实在性大〔295〕
到你无论形式地或卓越地都包含不了它，因而你不可能是它的原因时，那么其结果必然是在世界上除了你还有一个别的东西存在，必然是没有它你就不能有任何论据使你肯定任何事物的存在。然而，我以前已经说过，你并不是观念的实在性的原因；观念的实在性的原因是被观念所表象的事物本身，由于事物把它们自己的影像好像送到镜子里边一样地送到你的心里，即使在你有时能够想出一些怪物的时候都是如此。但是，不管你是原因也罢，不是原因

也罢，你真的因此就怀疑世界上除了你而外就没有别的事物存在了吗？我请你不要向我们故弄玄虚了；因为，不拘观念是什么吧，我想对于一件如此可靠的事是用不着去找一些道理来给你证明的。

在这以后，你罗列了在你心里的一些观念；在这些观念里边，除去你自己的观念以外，你也列举了上帝的观念、有形体而没有生命的东西的观念、天使的观念、动物的观念和人的观念。你列举了这些是为了（在你说对于你自己的观念不会有任何问题这话之后）推论人的观念、动物的观念和天使的观念是可以由你所具有的上帝的观念、你自己的观念和有形体的事物的观念组合而成，甚至有形体的事物的观念也可以由你自己而来。然而我觉得这里很值得惊讶的是，你怎么有那么大的把握认为你具有你自己的观念，这个观念的内容甚至丰富到如此程度，以致你可以从它本身里提出那么一大堆其他的观念，而对于它，竟不会有任何问题；虽然的确可以说，要么是你根本没有你自己的观念，要么是，即使你有，它也是非常模糊、不完满的，就像我已经在关于前面的沉思[①]里所提到的那样。不错，你在这一点上坚持说，没有什么能比你自己更容易、更显明地被你认识的了；然而，如果我在这里指出，既然你不会有也不可能有你自己的观念，那么你对任何东西都没有比对你或你
〔296〕的心灵更容易、更显明地认识的了，这话怎么说呢？的确，考虑到眼睛为什么和怎么不能看见它自己，理智为什么和怎么不能理会它自己，我就想到无论什么都不能作用于它本身，因为事实上，手，

① 即《对沉思第二的诘难》。——译者

至少是手指，不能打它自己，脚也不能踢它自己。再说，为了认识一个事物，既然必须是这个事物作用于认知的功能，也就是说，必须是这个事物把它的形象送到认知的功能里边，或者说，必须是这个事物告知认知的功能，把它自己的影像装在它上面，那么显然的是，官能本身既然不在它自己以外，就不能把它自己的形象送给或传给它自己，因而也不能形成它自己的概念。而你想为什么眼睛不能在它自己里边看见它自己却能在镜子里边看见它自己呢？这无疑地是因为在眼睛和镜子之间有一个距离，眼睛把它自己的影像送给镜子以作用于镜子，使镜子随后把眼睛的形象送还给它以作用于它。给我一面镜子，你用同样的办法来作用于镜子吧，我向你保证，在它把你自己的形象反射、送还给你之后，你能够看见和认识你自己，当然这种认识不是直接的，不过至少是一种反射的认识；我看不出你用别的办法能够对你自己有任何概念或观念。

我本来还可以在这里坚持问你，你怎么可能有上帝的观念，除非这个观念是像我以前所描述的那一种；你怎么可能有天使的观念，除非你事先听说过，我怀疑你会对它有过任何思想；你怎么可能有动物的观念以及其余一切事物的观念，对于那些事物，我相信你永远不会有任何观念，除非它们落于你的感官；而你对于数不尽的其余事物也永远不会有任何观念，除非你看到或听说过它们。但是，我不在这上面继续坚持下去了，我同意人们能够把存在于心灵的各种事物的观念进行安排、组合，从而产生许多别的事物的形式，不管你能数得出多少事物的形式来，都不足以说清那么多种多样的形式，也不能说清任何一种事物的清楚、明确的观念。

我只想在有形体的东西的观念上停一下。提到这些观念，要〔297〕

知道你怎么能够(在你一直认为你不是有形体的,并且把你自己看做是那样的时候)单独从你自己的观念得出有形体的东西的观念来,这倒不是一个小的难题。因为,假如你只认识精神的或无形体的实体,那么你怎么也能理会有形体的实体呢?这两种实体彼此之间有任何关系吗?你说它们彼此之间在它们都是能够存在的这一点上是共同的;不过,如果不首先理会你说有共同性的东西的性质,这种共同性就是不能被理解的。因为,你是做出一个共同的概念,而这个共同的概念只有从对于个别的一些事物的认识上才能做成。的确,假如理智用对无形体的实体的认识就能做出有形体的实体的观念来,那么就用不着怀疑一个天生的瞎子,或者是一个自从生下来就被关到一点光都看不见的地方的人,能够做成颜色和光的观念了。你说人们也可以有广延、形状、运动以及其他一些共同可感觉的东西;但你只是空口说白话,而没有事实根据。光是说一说,那太容易了。因此我奇怪的是:为什么你不能用同样容易的办法得出光的观念、颜色的观念以及成为其他感官的各自对象的一些别的东西的观念。不过对于这件事不要扯得太多了。

七、你最后说:**因而只剩下上帝的观念了,在这个观念里边,必须考虑一下是否有什么东西是从我自己来的。用上帝这个名称,我是指一个无限的、永恒的、不变的、独立的、全知的、全能的以及我自己和其余一切东西(假如真有东西存在的话)由之而创造和产生的实体。所有这些,事实上都是使我越认真考虑它们,就越不相信我对它们所具有的观念能够单独地来源于我;因此,从上面所说的一切中,必然得出上帝存在这一结论。**这样一来你终于达到了你预期的目的;至于我,我把你刚才所得出的这个结论拿来琢磨一下，我看不出你从什么地方能得出它来。你说你从上帝身上所〔298〕理会的那些东西，不能是从你自己来的，以便从而推论它们一定是从上帝来的。然而，首先，它们绝不能是从你自己来的，并且单独靠你自己，你也不能认识它们，这是再真实不过的了。因为，除去外在的对象本身把它们的观念给你送来以外，这些观念还是来自你的父母、你的老师们、圣贤的话里，以及和你一起谈话的人的话里，你是从那些话里学来的。然而你也许回答说：我不过是一个心灵，我不知道在我以外是否有什么东西；我甚至怀疑是否我有用以听到任何东西的耳朵，不知道是否有我与之谈话的人。你可以这样回答；但是，假如你真的没有耳朵来听我们说话，假如没有人教过你说话，你会说以上的话吗？我们说话要严肃一点，不要歪曲真理；你所说的关于上帝的那些话，难道你不是从同你一起生活的那些人们经常接触中学来的吗？既然你记住了他们的话，难道你不是也从他们那里记住了那些话所指的和你所理解的概念吗？因此，虽然人们同意我们说它们不能单独由你而来，但这并不等于因此就说它一定来自上帝，而只能说它是来自你以外的什么。然后，在你以前所看见过和学过的事物上你所不能形成和组成的那些观念里边有什么呢？你因此想理会超乎人类智慧以外的什么东西吗？的确，假如你如实地理会了上帝，你就真的可以认为你是亲自受过上帝的培养教导了；但是你所给予上帝的所有那些属性不是别的，而只是一大堆你在某些人身上和其余的东西上所观察到的某些完满性，对这些完满性，你的心灵有能力高兴怎么样就怎么样加以理解、组合和扩大，就如同我们多少次所观察到的那样。

你说，虽然你能够由你自己得出来实体的观念，因为你自己是

一个实体，但是你却不能由你自己得出一个无限的实体的观念，因为你自己不是无限的。假如你认为你有无限的实体的观念，那你就大错而特错了。无限的实体的观念在你心里只不过是一个空
〔299〕名，而且只是按照人们所能够了解无限的那样了解的，而实际并没有了解无限；因此像这样的一个观念并不一定是从一个无限的实体发出的，因为，就像以前曾经说过的那样，它们可以是由人类心灵有能力理会的那些完满性加以组合、扩大而被形成的；除非是像古代哲学家们那样，把他们对于这个可见的空间，这个世界，以及这个世界所由之而组成的很少的本原所具有的观念加多了多少倍，做成了无限广大的世界的观念，无限多的本原的观念，和无限多的世界的观念，你想说他们不是用他们的思想做成的这些观念，而是这些观念是由一个真正广大无垠的世界，由真正无限多的本原，由实际存在无限多的世界送到他们心灵里边的。

至于你所说，你由一个真正观念而理会了无限。当然，如果这个观念是真的，它就可以如实地给你表象无限，你从而就可以理解在它里边的最本质的东西，即现在所谈到的无限性本身。不过你的思想总是为有限的东西所局限，而你除了无限这个名称本身以外，没有说到别的，因为你不能理解超乎你的理解力之外的什么，所以人们有理由说，你只是用有限的否定词来理会无限。光说你在一个无限的实体里边比在一个有限的实体里边理会到更多的实在性，这是不够的；因为你必须理会一个无限的实体，而这却是你没有做的；而且实在说来，光是扩大有限的实体，你也理会不到更多的实在性；然后你想象，在你用你的思想像这样放大了和扩展了起来的东西里边，比它在被缩小了和没有被扩展时有着更多的实

在性，这除非是你也认为这些哲学家，当他们想象许多世界的时候所理会的实在性真的比他们只理会一个世界时所理会的实在性要多。关于这一点，我将顺便提到：我们心灵越增加和扩大某一形象或观念，它〔心灵〕就越模糊，其原因就在于，当它扰乱了这个形象的自然情况，从自然情况中去掉了各部分的区别，把这个形象扩展到如此程度，使它如此稀薄，以致最后它消散了。我也不能不说，心灵由一个完全相反的原因，即当它把它以前以某种大小所理会〔300〕的观念过分地加以缩小时，它也同样会模糊的。

你说，你不能理解无限，甚至不能理解无限中的很多东西，这都没有关系；而重要的是，只要你对其中很少的东西理会得很好，以便真的可以说你对这些东西有了一个非常真实、非常清楚、非常明白的观念就行了。绝非如此；假如你真的不理解无限而只能理解有限的话，那么你就没有一个真实的无限的观念，你有的只是一个有限的观念。最多只能说你认识了一部分无限，而不能因此就说你认识了无限本身。同样，谁要只认识了一个洞穴的窟窿就可以说他认识了世界的一部分，但不能说他有整个世界的观念。因此，假如他相信一个如此小的部分的观念就是整个世界的真实的、自然的观念，那就是十分可笑的。你说：**然而，无限不能被有限的你所理解，这是它的特点**。不错，这一点我也相信；不过，只把无限表象出一个非常小的部分，或者甚至一点也没有表象出来，这也绝不是无限的真实观念的特点，因为这个部分同全部是不能伦比的。你说：**只要你把这很少的东西理会得很清楚就够了**。是的，就如同你想要对谁有一个真正的观念，只要看看他的头发梢就行了。一个画家为了在画布上如实地表象出我来，只要画上我的一根头发，

或者甚至画上我的一根头发梢，不是就可以成功吗？而实在说来，在我们对无限所认识到的一切同无限本身之间的差别要比我的一根头发，或者我的一根头发梢同我的全身之间的差别不仅大得多，甚至大到无限倍。总之，你的全部推理既不证明无限多的世界，也同样不能证明上帝，那些古代哲学家们倒还容易由他们对这个〔世界〕所具有的清楚、明白的认识而做出、理会出那些〔世界〕的观念来，而你却不容易由你对你的实体（你连它的本性都还不知道）的认识而理会出一个上帝，或者一个无限的有来。

〔301〕 八、你在这以后又做出了另外一个推理：**因为，假如在我心里我不是有一个比我的有更完满的有的任何观念，不是由于同那个有做了比较我才会看出我的缺陷的话，我怎么可能知道我怀疑、希望，也就是说我知道我缺少什么东西，我不是完满无缺的呢？**然而，如果说你怀疑什么东西，你希望一个什么东西，如果说你知道你缺少什么完满性，这有什么不得了呢，既然你不全知道，既然你不是在一切东西里，既然你不具有一切？你说你知道**你不是完满无缺的**。我当然相信你的话，你可以毫无顾虑地这样说而不会有错；你最后说：**因此，有一个比我更完满的什么东西存在**。为什么不是呢？尽管你所希望的并不总是比你更完满。因为当你希望一些面包时，你所希望的面包无论如何并不比你或比你的身体更完满，它只能是比饿，或者枵腹，更完满而已。那么你怎么结论出有什么比你更完满的东西存在呢？这是因为，比如说，你看到了包括你、面包以及同你一起的其他一切在内的全部事物；因为既然宇宙的每个部分本身都有一些完满性，并且这些部分相辅相成，使彼此更为完满，那么很容易理会，在全部里比在部分里有着更多的完满

性，而结果，因为你不过是全部的一部分，你一定认识什么是比你更完满的。你因此可以用这个方式在你心里有一个比你的有更完满的有的观念，由于同它比较，你才认识你的缺陷，而不去说在这个宇宙里有其余的部分比你更完满；这样一来，你可以希望它们所具有的东西，而由于同它们比较，你的缺陷才能够被认识出来。因为，你能认识一个比你更强壮、更健康、更精干，长得更美、更有知识、更温和因而更完满的人；而你并不难理会他的观念，并且，经过同这个观念做了比较，就不难认识到你没有那么好的健康，没有那么大的力气，一句话，没有像他所拥有的那么多的完满性。

稍后一些，你给你自己提出这样一个意见：**然而也许我是比我所想的更多一些的什么东西，也许我归之于上帝的所有这些完满**〔302〕**性是以某种方式潜在于我之中，虽然还没有产生出来，还没有由它们的行动表现出来，而假如我的知识越来越向无限去增长，就有可能产生出来，由它们的行动表现出来的**。但是你自己回答说：**虽然我的知识的确每天都获得更进一步的完满，虽然有很多东西是潜在于我，而不是现在于我，但是没有一个是属于上帝的观念；在上帝的观念里，一点没有只是潜在的东西，而全是现在的、实在的东西，尤其是从我的知识逐渐增加，一步步地增长这一点上，难道不就是说明了我的知识的不完满性的必然论据吗**？但是，对于这个问题，人们可以这样回答：不错，你在一个观念里所理会的东西，在这个观念里边是现在的，但是不能因此就说这些东西在观念所表象的事物本身里边是现在的。就如同建筑师想象一个房子的观念，这个观念，不错，是现在地由墙、地板、房盖、窗户以及其他的部分所组成的，按照他所采取的计划那样，但是房子以及它的各部分

还不是现在的，而只是潜在的；同样，古代哲学家们对于无限多的世界所有的那个观念实际上也包含着无限的世界，但你不能因此就说这些无限的世界现在地存在。因此，不管在你心里有什么潜在的东西也罢，没有也罢，你的观念或知识能够一步步地增加、增长，就已经足够了，不应该因此就推论说被它所表象或认识的东西现在地存在着。你在这以后所提到的，即**你的知识永远不会是现在地无限的**，这一点倒是完全可以同意的；不过你也应该知道：关于上帝，你永远不会有一个真实的、自然的观念，你对上帝要比你对仅仅看了他的头发梢的那个人，还有多得多、无限多的东西有待于你去认识呢。因为，即使你没有看见这人的全身，不过你看见过别的人，同别的人比较以后，你就能够用揣测来想象出他的观念来；但是不能说我们看见过同上帝、同他的本质和广大无垠性相似的东西。

〔303〕 你说你理会**上帝是现在地无限的，因此在他的完满性上不能有所增加**。但是你并不知道他而竟这样地判断了他，你所下的这个判断不过是出于你心灵的一种臆断，同古代哲学家们以为有无限的世界、无限多的本原，和一个广大到不可能增添任何东西的宇宙一样。你接着说**一个观念的客观的有不能取决于或产生自一个仅仅是潜在的有，而只能来自一个形式的或现在的有**。如果说我刚才说的关于一个建筑师的话以及关于古代哲学家们的话是正确的，主要的是，假如你注意到这一类的观念是由其他的、其原因的现实存在性早已告知了你的理智的那些观念所组成的，那么你看你说的这句话就如何能够是正确的。

九、你在这以后问，假如没有上帝，那么具有一个比你的有更完满的有的观念的你，你自己能够存在吗？你回答说：**那么我将从谁那里得到我的存在呢？是从我自己？还是从我的父母？还是从不如上帝完满的什么其他原因？**接着你证明你不是由你自己而存在的。但这是不必要的。你也讲出为什么你以前也不是一直存在的；但这也是多余说的，除非你想从而推论出你不仅具有你的存在的动力的、生产的原因，而且你还具有一个时时保存你自己的原因；而你说这是因为，既然你的全部生存时间可以分为许多部分，那么由于各个部分之间彼此独立，因此必然在每一个部分上你都是重新被创造的。但是我请你看看这话怎么理解。因为，不错，某些结果，为了坚持存在，为了不是每一时刻都被消灭，就需要给它们第一次存在的那个原因在当前并且继续不断地作用着。太阳的光就是属于这类性质的。实在说来，虽然这类的结果事实上同无形中接续它们的那些另外的结果不那么完全一样，就像从河流中的水所看到的那样；但是我们还看见别的，不仅在产生它们的原因不再作用了的时候，甚至在那个原因完全腐朽和消灭的时候，它们〔304〕依然存在。我们看见的其原因已经不继续存在了的一切东西都属于这一类；在这里我们用不着一一加以列举，只举你就够了，你自己就是其中的一个，不管你的存在的原因是什么。但是你说，你的生存的时间的各部分彼此不相依赖。在这一点上我们可以辩解说，我们想象不出任何东西，它的各部分彼此之间比时间的各部分彼此之间是更不可分的，比时间的联系和连续是更不可分解，比它的后来的各部分是更不容易分开，比先前的各部分更有结合性，更有依存性。但是，不必在这一点上再争执下去，我只问你：时间的各部分彼此之间的这种依存性或独立性（它们是外在的、交替的不

起任何作用)对于你的产生和保存有什么用处呢?肯定的是它们对于你的产生和保存并不比潮水不断的涨落冲激一块岩石而对于这块岩石的产生和保存所起的作用更多。你后来说:**但是从我以前存在里并不能得出我现在必定存在这一结论来**。我很相信这话。但不是由于因此就需要一个原因不断地重新创造你,而是由于并非无可能有什么原因能够毁灭你,或者你在你里边所具有的力量和能力少到使你自己最后消灭了。

你说**由于自然的光明,这是一件非常明显的事,即保存和创造只是从我们的思想方法来看才是不同的,而从事实上来看并没有不同**。但是我看不出这是明显的,除非也许像我刚才所说的那样,在这样的一些结果里,它们要求它们的原因在当前而且继续不断地作用着,像光和诸如此类的东西那样。

你接着说你在你里边没有那种能力能够使你自己保存下来,因为你既然是一个在思想的东西,那么假如这样的一种能力是在你里边,你会认识出它来的。但是在你里边的确有某一种能力,它使你确信你将继续存在;不过不是必然地、无可怀疑地,因为这种〔305〕能力,或者是自然的构造,不管它是什么吧,还做不到给你铲除一切种类的毁灭原因,不拘它是内在的还是外在的。这就是为什么你将继续存在下去,因为你在你里边有足够的能力,不是为了重新产生你,而是为了使你在万一有什么毁灭原因突然到来的情况下,得以继续存在下去。

然而,你从你的全部推理中结论得很好:你依赖一个和你不同的什么东西,但不是由于你被它重新产生,而是由于你以前曾经被它产生过。

你接着说，你所依赖的这个有既不能是你的父母，也不能是除了你的父母以外的东西。但是，为什么不是你的父母呢？你不是好像那么明显地和你的身体一起被他们产生的吗？不必说太阳和许多别的东西也助成你的产生。你说：**但是，我是一个在思想的东西，一个在我里边有上帝的观念的东西。**

然而你的父母，或者你父母的心灵，他们不也是和你一样是在思想的东西吗？不是也有上帝的观念吗？而你为什么要在这里，像你所做的那样，喋喋不休地又说你以前说过的那个定理，即**这是一件非常明显的事：在原因里一定至少和在它的结果里有一样多的实在性**？你说，**假如我所依存的是上帝以外的东西，那么人们可以问：他是自在的呢，还是他在**[①]**的？因为，假如他是自在的，那么他就是上帝；假如他是他在的，那么人们将再一次地问同样的问题，一直到人们达到一个自在的原因时为止，而结果，这个自在的原因就是上帝；因为在这上面无穷地追溯下去是不可能的。**然而，假如你的父母曾经是你的存在的原因，那么这个原因之存在也不是自在的，而是他在的，而这个别的原因又是由于别的原因而存在的，这样一直到无穷；而假如你不能同时证明世界有始，因而有第一个父亲，在他上面再没有父亲了，你就永远不能证明这样无穷地追溯下去有什么不合理。的确，这样无穷地追溯下去之所以似乎是不合理，仅仅在于这些原因彼此是如此紧密地互相连结和从属，以致低级的东西没有高级的推动就不能行动；就如同一个什么东西被一块石头碰动了，石头是由一根棍子推动的，棍子是被手摇动

① 由于别的原因而存在。——译者

〔306〕的；或者如同一个重量是吊在一根链子的最末一个环上，这个环是被在它上面的一个环牵引着，而那一个环又被再上面的一个环牵引着；因为，这样一来，就必须追溯到一个使其余的一切都动起来的首动者。然而在这些原因里（它们是这样被安排了的，即当第一个原因毁灭时，依存于它的那个原因就不能续存下去，就不能起作用），好像是假定追溯到无穷去也并没有什么不合理。因此，当你说，非常明显，不可能追溯到无穷这话的时候，你看亚里士多德是否这样判断的：他认为世界是无始的，他并不认为有第一个父亲。

你继续进行你的推理说，人们也不能够假定也许很多原因共同产生了你的存在，你从其中的一个原因里接受了你归之于上帝的那些完满性中之一的观念，从另外一个原因里接受了一个另外的观念，因为所有这些完满性都只能存在于以统一性或单纯性为其主要完满性的唯一的、真实的上帝之中。不过，无论你的存在的原因只有一个也罢，有许多也罢，这些原因不一定是把它们的（也就是你后来所凑集起来的）完满性的观念印到你的心里。但是，我想问你，就算是你的存在不能有许多原因，但是至少，为什么那许多东西不能都存在于世界之上，而你关于这些东西，在分别地察考和赞美了它们的不同的完满性之后，竟认为一切完满性都集之于一身的那个东西该是幸福？你知道诗人们如何给我们描述了潘朵腊[①]；你不也是一样吗？你不是也把你所赞美的属于不同人们的卓越的知识、高尚的智慧、至高无上的能力、充沛的健康、完满无瑕

① 潘朵腊（Pandora）是希腊神话中在宙斯的命令下造的第一个女人。——译者

的美貌、永不衰落的幸福以及长寿等完满性都集合起来，并且想到，谁要是能够具有这一切，他该是多么值得令人赞美吗？接着你不是把所有这些完满性扩大到这样的程度，使具有这些完满性的人更值得令人赞美，不仅是由于他在他的知识、能力、持续以及他的全部完满性上毫无所缺，同时也由于这些完满性达到如此高度，以致人们不能再增之一分，而这样一来，他就成为全知的、全能的、〔307〕
永恒的，他就把各类完满性具有到至高无上的程度？而且，当你看到人类的本性不可能包含有这么一大堆五花八门的完满性时，你不是就想到把所有这都集于一身的那个东西该是完全幸福的吗？你不是也相信，像这样的一种东西是否存在于世界之上是值得你去追求，去知道的吗？你不是由于某些论据使你相信。像这样的一种东西似乎是存在比不存在更合适一些吗？在终于假定了它存在之后，你不是否认了它具有形体性、有限性以及在概念上含有某种不完满性的其他一切性质吗？许多人无疑地就是像这样进行他们的推论，虽然大家可能并没有走同一的道路，有些人把思维推进得比另外一些人更远一些，有些人把神关闭在物体里面，另外一些人给神赋以人的形象，而还有一些人不满足于一个神，于是按照他们自己的想法造了许多神，另外还有一些人随心所欲地在神的问题上想入非非，像无知的偶像教那样。关于你所说的**统一性的完满性**，你把你归之于上帝的那一切完满性理会为密切地结合在一起而不可分割，这倒无妨，虽然你对他的观念并不是他放在你心里，而是你从外在的一些对象抽出来然后增加上去的，像我们以前所说过的那样；他们就是这样地不仅把潘朵腊给我们描绘成一个具有一切完满性的女神，每个神都把自己的一个主要的优点赠给

了她，而且他们也是这样地做成了一个完满的理想国的观念和一个十全十美的演说家的观念；等等。最后，从你存在以及从一个至高无上地完满的有的观念之存在于你心里这件事上，你得出结论说**这非常明显地证明了上帝存在**。然而，虽然结论是非常正确的，即上帝存在，但是我看不出这个结论是必然地从你所提出的一些前提得出来的。

十、你说：**我只剩去检查我是用什么方法获得了这个观念的；**
〔308〕**因为我不是通过感官把它接受过来的，而且它也从来不是由于遇合而呈现给我的；它也不是我的心灵所产生的或捏造的，因为我没有能力在上面加、减任何东西，因而只好说，和我自己的观念一样，它是从我被创造那时起，与我俱生的**，此外再无话可说。然而我已经不只一次地指出过，一部分是你可以从感官接受来的，一部分是你自己捏造的。至于你所说的，你不能“在上面加、减任何东西”，你要记得你开始时对他的观念是多么不完满；你想想，可能有些人，或有些天使，或有些比你更有知识的别的东西，你可以从他们那里学到你还不知道的有关上帝的本质的什么东西；你至少想想，上帝可以（无论是在今生或是在来生）教导你，提高你的认识，使你得以把你已知的有关他的一切都认为不算什么；最后你想想，从对万物的完满性的考察上，如何可以上升到认识上帝的各种完满性，并且由于这些完满性不能一时都被认识，而是日复一日地发现一些新的，因此我们不能一下子对上帝有一个完满的观念，这个观念是随着我们的知识的增加而不断完满起来的。

你接着这样说：**当然，这是不足为奇的，上帝在创造我的时候，把这个观念放在我里边，就如同工人把标记刻印在他的作品上一**

样。这个标记也不必一定和这个作品本身不同;而只就上帝创造我这一点来说,非常可信的是:他是有些按照他的形象而产生的我,对包含有上帝的观念在内的那个形象,我是用我理会我自己的那个功能去理会的,也就是说,当我自己反省的时候,我不仅认识到我是一个不完满、不完全、依赖于别人的东西,这个东西不停地倾向、希求比我更好、更伟大的东西;而且我同时也认识到我所依赖的那个东西,在他自身里边拥有我所希求的、在我心里有其观念〔309〕**的一切的伟大东西,不是不确定地、仅仅潜在地,而是实在地、现在地、无限地拥有这些东西,而这样一来,他就是上帝。**不错,所有这些,表面看起来都非常正确、非常漂亮,我并不说它们不对;然而我还是要问,你是从什么前提上推出来的这些东西。因为,我以前所反驳的那些,姑且搁下不管,我要问你,假如真把“上帝的观念在我们心里就如同工人的标记刻印在他的作品上一样”,那么请你告诉我,这个标记是用什么方式刻印的?它是什么样形式的?你是怎么去辨认的?如果它和作品或事物本身没有不同,那么难道你自己不过是一个观念吗?你不过是一个思想方式吗?你既是刻印的标记,同时又是刻印的主体吗?你说**非常可信的是:上帝是按照他自己的形象创造的你**。实在说来,这话用信仰和宗教的光明是可以相信的;但是,除非你假定上帝是有一个人的形象,这话怎么能用自然的理性去理会呢?这个相似性在什么上呢?你不过是灰和尘土,你胆敢和这个永恒的、无形体的、广大的、非常完满的、非常荣耀的,以及尤其重要的是,对我们的很少光明的、软弱无能的心灵来说,非常不可见的、非常不可理解的东西相似呢?你曾经面对面地看见过他,把你和他比较,以便相信你是和他相符的吗?你说

这是非常可信的，因为他创造了你。相反地，就是因为这个，它才是不可信的，因为作品永远不能和作者相似，除非作品是作者用把自己的本性传过去的办法生出的。但是你并不是上帝用这样的办法把你生出来的；因为你不是他的儿子，你也不能分有他的本性；你仅仅是被他创造的，就是说，你仅仅是被他按照他所想出的主意而制造的；因此，你不能说你和上帝相似，就如同你不能说一座房子和一个泥瓦匠相似一样。而且即便是这样，而假定你是上帝所创造的这一点，你还没有证明。你说**你理会出这个相似，同时你又**
〔310〕**理会出你是一个不完全、依赖于别人的东西，这个东西不停地希求更伟大、更好的一些东西**。但是，为什么这不反而是一个不相似的标记呢，既然上帝相反地是非常完满、非常独立、非常自身满足无缺，他是非常大、非常好的？不必说当你想到你是依赖于别人的时候，你不是因此就立刻想到你所依赖的是你的父母以外的人，或者，假如说你想到的正是你的父母以外的人，你也没有理由说明为什么你相信你和他相似；也不必说，奇怪的是为什么其余的人，或者是，假如你愿意的话，其余的心灵们，和你理会的不一样，既然主要的是毫无理由认为上帝没有把他自己的观念像刻印到你心里那样也刻印到他们心里。肯定地说，仅仅这一点就再好不过地足以证明这不是上帝亲手刻印的一个观念了，即：假如是上帝亲手刻印的观念，那么一切的人就会都有同样的标记刻印在他们的心灵上，他们就会以同一的方式、同一的样子理会上帝了；他们就会都把同样的一些东西归之于上帝，就会对他有同样的感觉；然而我们所看到的却显然与此相反。但是，关于这个问题，已经谈得太多了。

对《沉思第四》的诘难

关于真理和错误

一、在这一《沉思》一开始你扼要地叙述了你认为以前充分论证了的一切事物，你以为你用这个办法就开辟了道路，使我们的认识再前进一步。至于我，为了不拖延一个如此美好的计划起见，我先不打算坚持说你应该把那些事物再论证得更清楚些；只要你记住什么是你同意了的，什么是你没有同意的，这就够了，怕的是你以后把它作为一种已定之论。

在这以后你继续推理说，**上帝绝不可能欺骗你**；而为了原谅你从他那里得来的那个容易错误的功能起见，你把错误归咎于无。你说**无的观念时常出现到你的思想中去，而你也以某种方式分享无；因此你认为你是介乎上帝与无之间的**。这个推理当然是非常〔311〕
漂亮的；但是，我姑且不说这不可能解释无的观念是什么，或者我们怎么理会这个观念，也不可能理解我们在什么上分享无，以及许许多多别的东西；我仅仅提一下，做这样的一个分别并不能说明上帝能给人一种免于错误的判断功能。因为，虽然那种功能不是无限的，但是它可以阻止我们去同意错误；因此，我们所认识的，我们都会认识得非常清楚、非常明白；我们所不认识的，我们都不会加以任何迫使我们置以可否的判断。

你自己反驳你自己说：**假如你不能懂得为什么上帝做了他所**

做的，这也不值得惊奇。这话说得太好了；不过，值得惊奇的是：你在你心里有一个真实的观念，它给你表象了全知、全能、全善的上帝，而你却看到在他的作品之中有许多并没有完全做好。这样，既然能够做得更完满而竟没有那样做，这似乎就说明他或者是缺少知识，或者是缺少能力，或者是缺少志愿；说明他至少在这一点上并不完满，也说明他宁愿不完满而不愿更完满，假如他知道怎样做，也能够那样做，就是不愿那样做的话。

至于你说：**人们习惯于从目的里得来的所有这一类的原因，都不能用于物体的东西**，假如是在别的场合上，你这话说得也许有道理；可是在谈到上帝时，怕的是你把主要的论据给反驳掉了，这个论据说明了上帝的智慧、他的能力、他的神见[1]，甚至他的存在都是能够用自然的理性加以证明的。因为，姑且不去说这个有说服力的证明是可以从对宇宙、天以及宇宙的其他主要部分的观察上得来的，我只请问你，证明上帝的最有力的论据，如果你不是从观
〔312〕察在每一类造物（无论是植物、动物、人或者你自己的带有上帝的影像和特性的那一部分，甚或你的身体）中的各个部分的美好秩序、功用和节约[2]上得出来的，那么又从什么地方得出来的呢？而事实上，我们看见许多伟大的人，他们从人体解剖的观察上不仅提高了他们对上帝的认识，而且对上帝加以五体投地的赞美，因为他们在上帝给予人体每一部分的完满性和安排中看到了一种如此美妙的智慧、如此卓绝的神见。

---

① “神见”（providence），即上帝事先有意的一种安排，相当于我国旧时的成语“天意如此”的“天意”。——译者

② “节约”指天工之巧妙而言，详见下段。——译者

你也许说，应该作为我们研究对象的是这种形式和情况的物理性的原因，而那些注意目的而不注意动力或质料的人是可笑的。但是，直到现在还没有人能懂得（更不要说解释）像十一个小门一样地掌管两个心房上的四个孔道开闭的那十一块小皮[①]是怎么做成的；它们所具有的安排是谁给的；它们的性质是什么，做成它们的原料是从哪里来的；它们的动能怎么使用到动作上去，使用什么器官和工具，以及怎样使用它们，必须有什么东西才能给它们以它们所具有的节制力，把它们做成彼此一致、互相联系、富有弹性，以及大小、形状、地位都合度，像我们所看到的那样。我说，直到现在还没有一个生物学家能够懂得并且解释这些事情，而其余很多人，我们，为什么我们不能至少对这种美妙绝伦的功用，对把这些小门那么合适地安放到心房入口处的那种无以形容的神见去加以赞美呢？对于因此而认为一定要承认一个第一因的人，认为这个第一因不仅把这些东西，而且把我们所看到的宇宙间一切更令人惊叹的东西，都如此明智地安排得恰合它们的目的，对于这样的人，我们为什么不该加以赞仰呢？

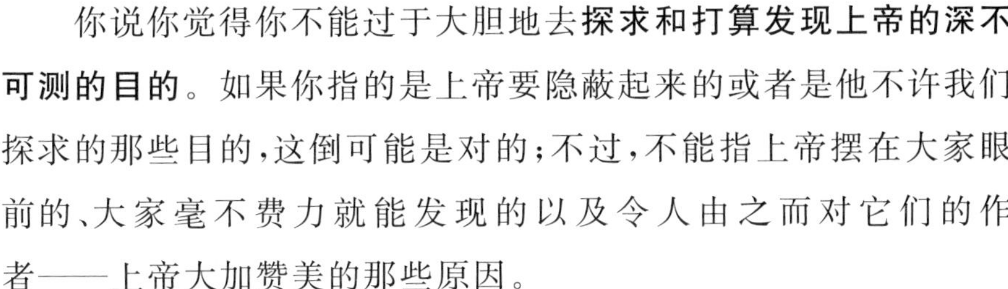

你说你觉得你不能过于大胆地去**探求和打算发现上帝的深不可测的目的**。如果你指的是上帝要隐蔽起来的或者是他不许我们探求的那些目的，这倒可能是对的；不过，不能指上帝摆在大家眼前的、大家毫不费力就能发现的以及令人由之而对它们的作者——上帝大加赞美的那些原因。

你也许要说，在我们每个人心里的上帝的观念已足够使我们〔313〕

① 即瓣膜。——译者

对上帝和他的神见有一个真实的、全面的认识,用不着去探求上帝为了什么目的而创造万物,用不着费心去考虑别的事情。不过大家并不都是生来就有那么大的幸运,像你那样与生俱来地有这种如此完满、如此明白的上帝的观念以致把他看得再明显不过了。这就是为什么对上帝没有赋予那么大的一种光明而只能靠观察作品而去认识和赞美它的作者的那些人,不能有丝毫嫌弃之心。除了这并不妨碍人们使用这种观念而外,甚至这种观念之得以完成起来都似乎是如此地有赖于对世界上的事物的观察,以致,如果你愿意说真话的话,那么,肯定的是,你对上帝的认识即使不是全部,至少是很大一部分是由这种观察得来的。因为,我请问你,假如从你被渗透到你的身体里去的那时起你一直闭住眼睛,堵住耳朵,没有使用其他任何外感官,因而对全部事物以及在你以外的一切都毫无所知,你这样度过一生,只是在你自己里边沉思,只是在你自己里边把你自己的思想思来想去,假如是这样的话,你想你的认识会走到什么地方去呢?我请你告诉我们,不过请你说老实话,并且请你给我们朴朴实实地描写一下你以为你对上帝和对你自己会有的观念是什么样子吧。

二、你后来提出来这样的一个解决办法:**不要把表现为不完满的造物看成为一个隔离开来的整体,而要把它看成为宇宙的部分,这样它就完满了**。这种对待法的确值得赞美;不过,在这里的问题并不在于部分(真正的一部分,或和全体来比较的一部分)的不完满,而在于作为本身是整体并且起着一种专门的、特殊的作用的不完满;即使你把它联系到整体上来看,问题也仍然在于知道:假如宇宙的各部分都是完满的,是否整个宇宙就真的比现在(它的许多部分都是不完满的)更完满。因为人们同样可以说,一个国家,如果它的全体国民都是好人,就比它有一部分国民习惯不良更〔314〕完善。

因此,当你不久以后说,**在某种意义上,宇宙的某几个部分容易错误比起所有的部分都一样,会有着更大的完满性**,这无异于说:在某种意义上,国家的某几个国民是坏的,比起所有的国民都是好的会有着更大的完满性。由此可见,正如同一个好的国王只希望他的国民都是好的一样,宇宙的作者的意图和尊严也同样应该是让宇宙的所有部分都不错误。虽然你可以说,没有错误的那些部分好像比有错误的那些部分更完满,不过这是偶然才会发生的事;同样,假如好人的德行在同坏人的对比之下以某种方式显得出来,这也不过是偶然地显得出来那么多。在一个国里既然不希望有坏人来使好人显得更好一些,那么同样道理,在宇宙里也好像不适于让某些部分有错误来使没有错误的部分更有光彩些。

你说假如**上帝在把你投入世界中时,没有想把你放在最高贵、最完满的造物的行列里去,你也无权去埋怨**。然而这并不能解决这样的一个问题,即他把你放到最不完满的造物中间,而不是把你放在容易错误、受欺骗的造物的行列里,难道这还不够吗?因为同样,虽然一个国王不把他的全体国民都提到最尊荣的爵位上去,而把其中某些人放在比较低级的职位上,把另外一些人放到更低的地位上,对于这样的一个国王人们可以不去责骂他;但是假如他不仅是把有些人放在最坏、最低的职位上,而且让有些人做下贱的行为,那样一来,他就是极其有罪,就不能不让人责骂了。

你说**实际上没有任何理由能够证明上帝本来应该给你一个比**

〔315〕**他已经给你的那个认识功能更大一些的认识功能；不管你把他想象为多么熟巧精练的工人，你也不能因此就认为他本来应该把他可以给几个作品的全部完满性都放在每一个作品里边**。可是这样丝毫答复不了我的诘难，而且你看，问题不在于知道上帝为什么没有给你一个更大的认识功能，而是在于要知道他为什么给了你一个容易错误的认识功能；问题不在于为什么一个十分完满的工人不愿意把他的艺术的全部完满性都放在他的每一个作品里边去，而是在于为什么他甚至要在某些作品里边放上一些缺点。

你说：**虽然你用对于能够落于你的思考中的一切事物的一种清楚、明白的知觉这样的一种办法仍然不能使你免于错误，但是你有能力用另外一种办法使你免于错误，那就是下定决心，在事情的真相没有弄清楚以前无论如何不去下判断**。然而当你随时都非常小心地去遵守这个原则时，对于我们要下判断的事物却认识得不清楚，不断有弄错的危险，这不终究是一种不完满吗？

你说：**错误在于运用上，这种运用是从你而来的，是一种缺陷，而不在于你从上帝接受来的功能上，也不在于从上帝而来的运用上**。我愿意在被视为直接来自上帝的那个功能里没有错误；可是，假如我们对那个功能再远一点加以观察，看到它是同能够错误这一不完满性同时被创造的话，那么它还是有错误。因此，你说得很好：**你没有理由埋怨上帝，他事实上从来没欠过你什么；反而你有理由感谢他，感谢他分给了你的一切财富**。不过总是有使人惊奇的东西，即为什么他没有把更完满的财富给了你，假如他知道，假如他能，假如他不因此而嫉妒你的话。

你接着说：**你也不应该埋怨上帝助长你做成了这个意志的行**

为，即是说，做成了使你弄错了的那些判断，因为这些行为是依赖于上帝的，因此就是完全真实的、绝对善良的；在某种意义上，你能够做成这些行为比你不能做成这些行为，在你的本性上有着更多的完满性。至于缺陷（错误和罪过的形式理由就在于缺陷），它不需要上帝方面的任何助长，因为它不是一个东西，也不是一个存在，因为假如把它联系到上帝上去，把上帝当作它的原因，那么它就不能叫做缺陷，而应该叫做否定，按照学校中所给予这两个辞的意义来说。〔316〕然而尽管这个定义相当细致，却不能令人完全满意。因为尽管上帝不助成存在于行为里边的缺陷（这种缺陷正是人们称之为错误或虚假的那种东西），他却助成了行为；假如他不助成行为，那就不会有缺陷。再说，他自己就是弄错或发生错误的能力的作者，从而他就是一种无能力的能力；因此，看来存在于行为中的缺陷不应该过于往能力上去牵扯，因为能力本身是软弱无力的，而应该牵扯到它的作者身上，作者既然能够使它有能力，甚至使它超过需要地更加有能力，而他却愿意把它做成它现在那个样子。的确，人们并不因为一个锁匠没有做一把大钥匙去开一个小匣子而责备这个锁匠，而是责备他虽然做了一把小钥匙，却把这把钥匙做得不合适以致开不开或很难开这个小匣子。同样，实在说来，这不是上帝的过错，如果说上帝愿意给像人这样懦弱的造物一种判断能力，而他给他的这种能力没有大到能够足以理解一切，或理解大部分事物，或理解最崇高的东西，这倒不是他的过错；而问题无疑地在于，令人惊奇的是，为什么在他想要交给人去判断的那么一点点事物里面，几乎没有什么是他所给予人的能力所不感到没有办法、犹疑不决和无能为力的。

三、在这以后，你又追求**你的错误都是从什么地方来的，它们的原因可能是什么**。我先不和你争辩为什么你把理智叫做“认识观念的唯一功能”，即是说，它有不加可否，单纯领悟事物的能力，〔317〕为什么你把意志或自由裁决[①]叫做“判断的功能”，即是说，由它来肯定或否定，赞同或不赞同。我只问你，你为什么把理智限制在某些界限之内，而对于意志或对于随便裁决的自由却不给予任何限制。因为，实在说来，这两种功能的范围似乎相等，或者至少理智似乎有着和意志同样大的范围；因为假如不是理智事先已经预见到了，意志是不会趋向于任何事物的。

我说，理智至少有着同样大的范围，这是因为它的范围似乎比意志的范围还大。这不仅由于，无论什么东西，假如我们事先对它没有领悟，它的观念没有被理智所理会和提出，那么我们的意志或自由裁决就无所趋向，我们就不能加以任何判断，因而我们就不能做任何选择，对任何东西就不能有所爱、憎；同时也由于，我们模模糊糊地理会了许许多多的事物，而我们对这些事物并没有加以任何判断，也没有任何鄙弃或希求的感情。甚至判断的功能有时是如此地拿不准，以致借以判断的理由在两方面的分量都一样，或者两方面都没有理由，因而就没有任何判断，虽然理智理会了、领悟了这些事物，而这些事物因此就仍然不能确定。

还有，你说：**在你心里的其他一切东西里边，你不知道有任何一个是这样完满、这样广大，虽然它还可以更大、更完满，举例来**

① Libre arbitre 这个词我国一般都按英文 free will 译为“自由意志”。根据上、下文，此处似乎应该按照这个词的原义译为“自由裁决”。——译者

说，譬如知的功能，对于这种功能，你甚至能够做成一个无限的观念。这明白地表示了，理智的领域并不比意志的领域小，因为它可以扩大到一个无限的对象上去。至于你所承认的：**你的意志和上帝的意志相等，不是在领域上相等，而是形式地相等**，我请问你，你为什么对于理智不也可以这样说，假如你像界说意志的形式概念一样地界说理智的形式概念。

然而，为了用一句话结束我们的争辩，请你告诉我，什么是意志能达到而理智不能达到的。假如没有，那么，看来是，**错误**，就如〔318〕
同你说的那样，**不是由于意志的领域比理智的领域大，它要判断的事物是理智所没有理会到的**，而是由于两种功能有着一样大的领域，理智把某些事物理会得差了，意志就在这些事物上也做出一个坏的判断来。这就是为什么我看不出来你一定要把意志扩展到理智的界线以外的道理，既然意志并不判断理智所没有理会到的事物，而意志判断得不正确的事物，也正是因为理智理会得差。

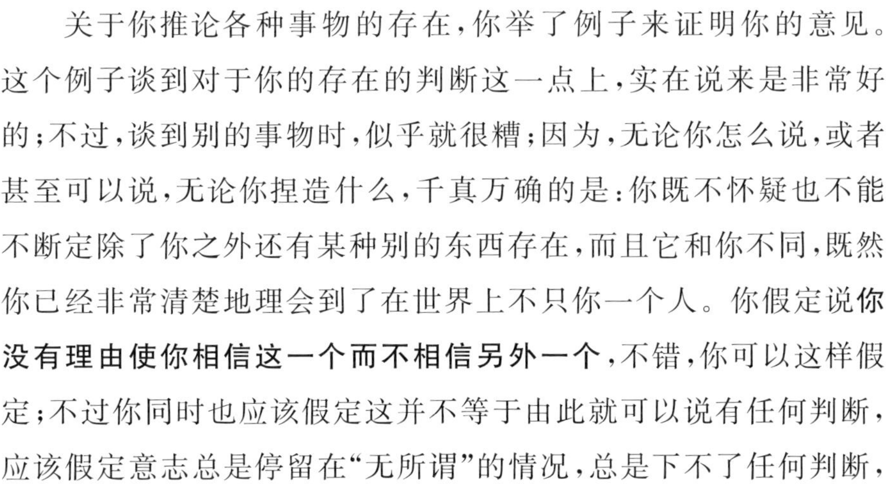

关于你推论各种事物的存在，你举了例子来证明你的意见。这个例子谈到对于你的存在的判断这一点上，实在说来是非常好的；不过，谈到别的事物时，似乎就很糟；因为，无论你怎么说，或者甚至可以说，无论你捏造什么，千真万确的是：你既不怀疑也不能不断定除了你之外还有某种别的东西存在，而且它和你不同，既然你已经非常清楚地理会到了在世界上不只你一个人。你假定说**你没有理由使你相信这一个而不相信另外一个**，不错，你可以这样假定；不过你同时也应该假定这并不等于由此就可以说有任何判断，应该假定意志总是停留在“无所谓”的情况，总是下不了任何判断，

一直到理智找到了这一方面的真实性比另外一方面的真实性更多时为止。

从而你接着说:**这种"无所谓"的情况一直达到理智所不能领会得相当清楚、相当明显的事物上去,以致不管你适于对某种事物进行判断的那些猜测的可能性有多么大,你所有的唯一知识,即这些不过是一些猜测,就足以使你有可能把事物判断得恰好相反。**这话,我认为是不对的。因为,你有的知识,即这些不过是一些猜测,很可能使你的心灵为猜测所左右,而所下的判断将是不坚定、不牢靠的,但它绝不能使你把事物判断得恰好相反,除非后来你的心灵有了不仅同样可能,而且更有力、更显明的猜测。你接着说,

〔319〕**你这几天对这一点有过经验,这几天你把你以前当作非常真确的一切事物都假定为假的。**不过你要记得,你这句话并没有得到过大家的赞同;因为,说实在话,你并没有能够使你自己相信你从来没有看见过太阳,没有看见过地,也没有看见过人,从来没有听见过声音,没有行走过,没有吃过东西,没有写过字,没有说过话,也没有做过用身体来做的其他类似的行动。

由此可见,错误的形式不见得像你所认为的那样,是在于自由裁决运用得坏了,而是在于在判断和被判断的事物之间的关系太少的缘故,这是由于理智所理会的和事物本身不一样所致。这就是为什么,错误不是来自自由裁决方面,由于它判断得坏;而是来自理智方面,由于它理会得不好。因此可以说自由裁决对于理智是这样的一种依存关系,即假如理智把某一事物理会得或认为是理会得清楚,自由裁决就会把判断下得坚定、确切,无论这个判断在实际上是正确的也罢,或者它被认为是如此的也罢;但是,假如

它把事物理会得很模糊，自由裁决就会把判断下得犹豫、不确定，不过带有这种信念，即它更可能是对的，而不会是它的反面，即使这个判断可能与事实相符合，也可能与事实不相符合。由此可见，问题并不怎么在于我们是否有能力阻止我们自己犯错误，而是更在于我们是否有能力阻止我们自己坚持错误；而为了检查和改正我们自己的判断，不怎么需要我们强行使用我们的自由裁决，而是我们必须把我们的心灵运用到更清楚的认识上去，有了更清楚的认识，随之而来的就一定会是一种更好的、更可靠的判断。

四、在结论里你夸大了你所能够从这一《沉思》里得出的成果，同时你预先规定了你要达到真理的认识的做法，你说**如果你对你理会得非常完满的一切东西都加以足够的注意，如果你把它们从你理会得模糊不清的东西里边分别出来，你就将万无一失地达到真理的认识**。这不仅是真的，而且事实也是如此，即前一个《沉〔320〕思》（即使没有它，这也能够理解）整篇似乎就是无用的、多余的了。不过，请你注意，为了不致弄错起见，问题不在于知道是否应该把事物理会得清清楚楚、明明白白，而是在于知道怎么，用什么方法，才能认出我们有一个如此清楚、明白的智慧，使我们可以确信它是真的，使我们不可能弄错。因为你将会注意到，自一开始我们就反驳你说甚至在我们觉得我们对一个事物认识得如此清楚、如此明白，以致我们不能想我们还能认识得更清楚、更明白的时候，我们也经常会弄错。你自己也做过这个反驳，不过我还是在期待这个艺术，或者这个方法，我以为你主要地应该在这方面下工夫。

对《沉思第五》的诘难

关于物质的东西的本质以及上帝的存在

一、你首先说**你清清楚楚地想象了量，即是说，有着长、宽、厚的广延，以及数目、形状、位置、运动和绵延**。在你说其观念在你的心里的所有这些东西里边，你提出形状；在形状里边你提出直线三角形，关于这个三角形，你是这样说的：**即使在我思想之外也许世界上没有任何地方能有这样的一种形状，也许从来也不曾有过这样的一种形状，但毕竟这个形状的某一种确定的性质，或形式，或本质还是有的，这种性质，或形式，或本质是不变的、永恒的，它不是我捏造的，它也绝不依赖于我的心灵；既然人们可以论证出这个三角形的各种特性，譬如它的三角之和等于二直角，最大的角对最大的边，以及诸如此类的东西，那么这些东西，不管我现在愿意不愿意，我认识得非常清楚、非常明显都是在三角形之中的，虽然当**
〔321〕**我第一次想象一个三角形的时候我绝对没有想到过；因而不能说这是我捏造的**。这就是你关于物质的东西的本质所说的一切；因为你后来增加上的一点点东西，归根到底也不过如此。因此我不想在这方面提什么问题。

我提出的只是，除了至高无上的上帝的本性以外，似乎很难再建立什么不变的、永恒的本性了。你也许要说，你所说的不过是在学校里每天所讲授的，即：事物的本性或本质是永恒的，人们对事

物的本性或本质所做的命题也是一种永恒的真理。不过就连这个也非常勉强，难以令人置信；再说，没有人而说有人的本性，或者甚至连玫瑰都还没有而说玫瑰是一种花，这怎么去理解呢？

我知道他们是说，谈事物的本质是一回事，谈它们的存在是另一回事，并且他们都一致认为事物的存在并不是完全永恒的，不过他们却想要让事物的本质是永恒的。然而，如果真是这样，事物里边主要的东西是本质这件事既然也是肯定的，那么当上帝生产存在时，他做了什么了不起的事呢？的确，他所做的并不比一个缝衣匠给人缝了一件衣服做得更多。可是他们将如何证明人的本质（比如说柏拉图的本质）是永恒的、不依赖于上帝的呢？他们将说，以它作为共相的这一点来证明。但是在柏拉图里边只有个别的东西；事实上，理智惯于从柏拉图身上，从苏格拉底身上，以及从其他一切人身上所看到的一切相同的性质中，做成一个共同的概念，在这个共同概念上他们大家都一致，因此这个概念很可以被叫做人的一种共相的本性，或人的本质，因为人们理会它是一般地符合于大家的。但是，要说在柏拉图以及其他一切人存在以前它就已经是共相的，理智就已经做成了这种共相的抽象，这的确是不可解释的。

你将说，怎么啦！难道人是动物这个命题甚至在任何人存在之前，不也是真实的吗？从而它不是完全永恒的吗！对于我来说，我坦白地向你说，我并没有理会它在任何人存在之前是真实的，除非是在这种意义上，即只要一有人，他就必然地是动物。因为，实〔322〕际上，虽然人是[①]和人是动物这两个命题之间似乎是有区别的，即

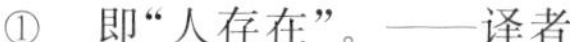

① 即“人存在”。——译者

在第一个命题上特别着重存在，在第二命题上特别着重本质，但是，肯定的是：在第一个命题里并没有排除本质，而在第二个命题里也没有排除存在；因为，当我们说人是或人存在时，我们指的是动物的人；当我们说人是动物时，我们指的是人，当他是存在的时候。再说，**人是动物**这个命题比起**柏拉图是人**这个命题来既然并不是一个更有必然性的真理，因而**柏拉图是人**这个命题也应该是一个永恒的真理，并且在不依赖于上帝这一点上，柏拉图的个别的本质也应该并不比人的共相的本质差；其他的事情也是如此，一一列举起来就太麻烦了。不过我还要补充一点：当我们说人的本性使其不可能不是动物时，不要因此就想象这个本性是一个什么实在的或存在于理智之外的东西，而只是说，一个东西如果是人，它就一定和另外一些由于彼此之间的相似性而被我们称之为“人”的东西相似。这种相似，我说它是个别本性的相似，在这种相似上面，理智做成了一个共同本性的概念，或观念，或形式，凡是必须成为人的东西都不能没有它。

这样地解释了以后，对于你的三角形或它的本性，我也是这样说；因为，不错，你在心灵里边的三角形是如同一个尺子一样，你用它来检查，看看某种东西是否应该用三角形这个名称来称呼。但是不要因此就以为这个三角形是什么实在的东西或者是在理智以外的一个真实的、存在的东西，因为这完全是心灵根据感官使它知觉到的一些物质的三角形的模样做成的，心灵把这些模样的观念凑集起来，按照我刚才解释关于人的本性那种方式做成的一个共同的观念。

因此对于人们论证为属于物质的三角形的那些特点，也不要
〔323〕因为它们对这些三角形都合适就想象它们是从那个理想的、共相

的三角形搬过来的；因为，恰恰相反，本身真正具有那些特点的是那些物质的三角形，而不是那个理想的、共相的三角形；除非在这样的情况下，即理智认出了这两种特点是在物质的三角形之内，然后把它们给了那个理想的、共相的三角形，而为了使它们注意这种情况，后来又在遇到论证的时候把它们归还到物质的三角形上去。同样，人类本性的特点不是从这个共相的本性搬过来而存在于柏拉图或苏格拉底身上的；因为，恰恰相反，这个共相的本性之具有这些特点只是由于理智在柏拉图身上，在苏格拉底身上，以及在其他一切人身上认出了这些特点之后把这些特点加到共相的本性上去的；只有在需要做一个论据时，为了使他们注意这些特点，才把它们归还到他们中间的每一个人身上去。因为，非常明白而且众所周知的是：理智是在看到了柏拉图、苏格拉底以及其他很多人都有理性之后才做了一切人都有理性这个命题的；当它以后想要证明柏拉图有理性时才把它拿过来作为他的三段论法的前提。

不错，心灵啊！你说**你在你心里有三角形的观念，而且即使你在物体里边从来没有看见过任何有三个角的形状，你在你心里也仍然会有三角形的观念；同样，你在你心里有许多从未落于你的感官的其他形状的观念**。但是，我不久以前说过，假如你一切的感官作用都没有了，以致你什么都没有看见过，物体的什么表面或尖端都没有摸到过，你想你能够在你心里做出三角形的观念或其他任何形状的观念来吗？你说你现在有许多从未落于你的感官的形状的观念。这一点我同意，这一点对你来说也并不难，因为根据你的感官曾经接触过的那些形状的模样，你能够按照我以前所解释过的那种方式做出和组成无限多的其他形状。

除此而外，在这里应该谈谈三角形的那种假的、虚构的本性，根据那种本性，人们假定为三角形是由没有宽度的线所组成，它包
〔324〕含一个没有厚的面积，它终止在没有部分的三个尖端上。但这未免离题太远了。

二、在这以后，你接着再一次证明上帝的存在，其主要的论据在于以下这几句话：你说，**谁如果在这上面认真地去想，谁就会看出，显然，和一个直线三角形的本质之不能同三角形的三角之和等于二直角分开，或一个山沟的观念之不能同一座山的观念分开一样，上帝的存在性也不能同上帝的本质分开；因此，理会一个没有山沟的山，和理会一个上帝（即是说，一个至高无上完满的有）却缺少存在性（即是说，缺少某种完满性），这是同样不妥当的**。在这里应该注意的是，你的比较似乎是既不够正确，也不够恰当。因为，一方面，你做得很对，拿本质来比本质；但是在这以后，你不是拿存在性来比存在性，或拿特点来比特点，而是拿存在性来比特点。因此，似乎应该说，要么，和（比如说）三角形的三角之和等于二直角之不能同三角形的本质分开一样，上帝的全能也不能同上帝的本质分开；要么，和三角形的存在性之不能同三角形的本质分开一样，上帝的存在性也不能同上帝的本质分开；因为这样一来，这两个比较都会很好了，而且不仅可以同意你前面的一个比较，同时也可以同意你后面一个比较。不过，对于一个上帝之必然存在来说，这可并不见得是一个有说服力的证明；同样也并不能必然地由此得出结论来说世界上有三角形，虽然它的本质实际上是和它的存在性分不开的，不管我们的心灵把它们怎样地区分，即是说，虽然它把它们分开来理会，就如同它也可以把上帝的本质和他的存在性分开来理会一样。

接着要注意到，你把存在性算做上帝的完满性之一，而不把它算做一个三角形或一座山的完满性之一，虽然根据各自的情况来说，它对于这一个和那一个都同样是完满性。不过，实在说来，不管你在上帝里边观察存在性也罢，或者是在别的事物上观察它也罢，它并不是一个完满性，而仅仅是一种形式，或一种现实，没有它〔325〕
就不能有完满性。事实上，不存在的事物既没有完满性，也没有不完满性；而存在的事物，它除去存在性之外还有许多完满性，它并不把存在性当作特殊的完满性，不把它当作完满性之一，而仅仅把它当作一种形式或一种现实，有了它，事物本身和它的一些完满性就存在，没有它，就既没有事物，也没有它的那些完满性。因而一方面不能说存在性在一个事物里边是一种完满性，另一方面，假如一个事物缺少存在性，也不能说它不完满，或缺少某种完满性，只能说它没有，或者说它什么都不是。这就是为什么，在你举三角形的完满性时，你并不把存在性包括进去，也不由之而得出结论说三角形存在，同样，在你列举上帝的完满性时，你也不应该把存在性包括进去以便由之而得出结论说上帝存在，假如你不是想要把有争辩的东西当作已经证明了的东西，并且把问题当作前提的话。

你说，**在其他一切事物里，存在性是和本质有分别的，只有在上帝里除外**。但是，请问，柏拉图的存在性和本质，除非是用思想，它们怎么能分别得开呢？因为，假定柏拉图不存在，他的本质又将如何呢？而同样情况，在上帝里边的存在性和本质不是用思想分别开的吗？

你接着给你自己做了这样的一个反驳：**也许是这样的；和不能仅仅由于我理会一个带有一个山沟的山，或者一个带翅膀的马，就**

说在世界上有山和有带翅膀的马一样，也不能由于我把上帝理会为存在，就说他存在；①并且在这上面，你说这个反驳的外表下掩盖着一种诡辩。但是你并没有费很大事就解决了你自己装扮的那种诡辩，你主要是使用了揭露如此明显的一种矛盾的办法，即：存在的上帝并不存在，而你对于马或山却不采用同样的办法，即是说，你不把它们当作存在的东西。但是，假如你像在你的比较里把山沟包含在山里，把翅膀包含在马里一样，把上帝和知、能以及其〔326〕他属性连结在一起去观察的话，那么问题就完全出来了，那就要由你来向我们解释你怎么能够理会一个有斜坡的山或一个带翅膀的马而不想到它们存在，而在理会一个全知、全能的上帝时就不能不同时想到他存在。

你说，**我们有自由去想象一个马没有翅膀或带有翅膀，但是我们没有自由去理会一个上帝而没有存在性，也就是说，一个至上完满的有而没有至上完满性。**这倒没有什么话可说了；不过，既然我们有自由去理会一个马带有翅膀而不想到存在性，而假如它一旦有了存在性，那么按照你的说法，那就将是在它里边的一种完满性了；同样，我们有自由去理会一个上帝，在他里边有知、能以及其他一切完满性，而不想到存在性，而假如他一旦有了存在性，到那时他的完满性才算完成。因此，既然从我之理会一个马带有翅膀这

① 笛卡尔《沉思第五》中的原文是这样的："但是，虽然事实上我不能理会一个没有山沟的山，同样，我也不能理会一个没有存在性的上帝，不过，也不能仅仅由于我理会一个带有山沟的山，就说在世界上有山，同样，虽然我理会带有存在性的上帝，我觉得也不能因此就说上帝存在；因为我的思想并不能给事物强加以任何必然性；而且，既然是由于想象出来一个带有翅膀的马，虽然并没有任何马带有翅膀，同样，我也许能够给上帝加上存在性，虽然并没有任何上帝存在。"——译者

一完满性这件事上不能推论出它有存在性（按照你的说法，存在性是一切完满性中最主要的），同样，从我之理会一个上帝具有知以及其他一切完满性这件事上也不能得出结论说他存在，而是他的存在性尚有待于证明。

虽然你说过**在一个至上完满的有的观念里，存在性和其他一切完满性是都包括在内的**，但你是没有证据地肯定了成问题的东西，是把结果当成前提了。因为另外我可以这样说：在一个完满的佩伽斯[①]的观念里，不仅包含了带有翅膀的完满性，而且也包含了存在性这一完满性；因为，既然上帝被理会为在一切完满性上的完满，那么同样，一个佩伽斯也被理会为在它那一类上的完满；而且这个对比如果保持住的话，那么看来就不能硬说它不能在两者的身上都应用得上。

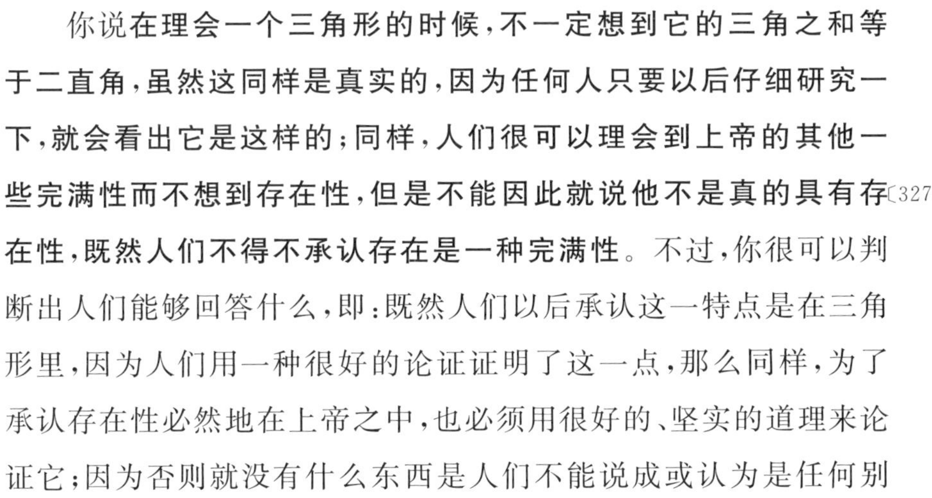

你说**在理会一个三角形的时候，不一定想到它的三角之和等于二直角，虽然这同样是真实的，因为任何人只要以后仔细研究一下，就会看出它是这样的；同样，人们很可以理会到上帝的其他一些完满性而不想到存在性，但是不能因此就说他不是真的具有存**〔327〕**在性，既然人们不得不承认存在是一种完满性**。不过，你很可以判断出人们能够回答什么，即：既然人们以后承认这一特点是在三角形里，因为人们用一种很好的论证证明了这一点，那么同样，为了承认存在性必然地在上帝之中，也必须用很好的、坚实的道理来论证它；因为否则就没有什么东西是人们不能说成或认为是任何别

① 佩伽斯（Pegase），希腊神话中飞马的名字。它是宙斯的儿子培尔塞的坐骑，曾于一怒之下踢出一个“灵感之泉”，诗人后来就从这个泉中汲取灵感。——译者

的东西的本质了。

你说当你把一切种类的完满性都归给上帝的时候，你并不是像假如你想一切四方形都能内切于圆那样做。你在那一方面弄错了，因为你后来知道菱形就不能内切于圆，可是你在这方面并没有同样弄错，因为后来你认识到存在性是实际上适合于上帝的。然而的确似乎是你也同样弄错了；要不然，假如说你没有弄错，那么你就必须像人们指出菱形能够内切于圆是矛盾的那样，指出存在性是和上帝的本性不相矛盾的。

我对其他许多东西就不说了，那些东西不是需要进一步地加以解释，就是需要给以更有说服力的证明，要不就是和以前说过的互相抵触，例如：除了上帝以外，我们不能理会有任何其存在性是必然地属于其本质的东西；然后，不可能理会同样的两个或许多上帝；而既然现在只有一个上帝存在，那么必然地是他以前是完全永恒地存在了，将来也永恒地存在着；并且你在上帝里边理会了无限多的东西，这些东西你既不能减少一点，也不能改变一点；最后，这些东西必须就近加以观察，必须非常仔细地加以检查，以便知觉它们，并且认识它们的真实性。

三、最后你说全部科学的可靠性和真实性绝对有赖于对真实上帝的认识，没有这种认识，在各种科学里边就永远不可能有任何确定性或真理。你举了下面这个例子，你说：当我考察三角形的性
〔328〕质的时候，我显然知道（我在几何学方面有些内行）三角形的三角之和等于二直角，当我把我的思想运用到论证它的时候，我不可能不相信这一点；但只要我的注意力稍一离开论证，虽然我记得我是清清楚楚地理解了它的三角之和等于二直角，但是很可能我会怀

疑它的真实性，假如我不知道有一个上帝的话；因为我可以使我自己相信大自然使我生来就很容易能够在即使我以为理解得最显明、最确定的东西上弄错；主要因为我记得经常把很多事物认为是真实的、确定的，而在以后，又有别的道理使我把这些事物判断为绝对错误。但是当我知道了有一个上帝之后，因为同时我也知道了一切事物都有赖于他，而他并不是骗子，从而我断定凡是我理会得清清楚楚、明明白白的事物都不能不是真的，虽然我不再去想我是根据什么道理把一件事物断定为真实的，只要我记得我是把它清清楚楚、明明白白地理解了，人们就不能给我提供任何相反的道理使我再去怀疑它；这样我对这个事物就有了一种真实的、确定的知识；而这个知识也就扩展到我记得以前曾经论证过的其他一切事物上去，譬如几何学的真理以及其他类似的东西。先生，看到你谈得这样认真，并且相信你说的都是老实话，我看我再也没有别的话可说了；除非一点，那就是你很难找到什么人相信你以前不相信几何学论证的真理，而现在你由于认识了一个上帝才相信了。因为，事实上，这些论证是非常明显、确定的，它们本身无需有待于我们的思虑就会得到我们赞同的；而当它们一经被理解，它们就不容许我们的心灵对它应有的信念再持犹疑不定的态度，因为，同样情况，我认为你既然有理由在这一点上不去害怕那个不断企图捉弄你的恶魔的狡诈，你也同样有理由使你如此坚定地认为你不可能〔329〕
在我思故我在这个前提和结论上弄错，虽然那时你对上帝的存在还不肯定。同时，即使事实上不能比这再真实的了，的确真有一个上帝，他是万物的造主，而且他不是骗子，不过，由于它好像不如几何学的论证那样明显（关于这一点，只要这一个证据就足够了，即很

多人并不相信上帝的存在、世界的创造以及谈到上帝的其他许许多多东西，然而没有一个人怀疑几何学的论证)，有谁相信几何学的论证的明显性和确定性要从对上帝的证明中得来呢？有谁相信迪亚果腊(Diagore)、太奥多腊(Théodore)以及其他一切类似的无神论者们不能确信这些种类的论证的真理呢？最后，你到什么地方去找到这样的人，当你问他为什么确信一切正角三角形底边的正方形等于其他两边正方形之和的时候，他回答说他之确信这条道理是因为他知道有一个上帝，这个上帝不是骗子，他本身是这一真理的创造者以及世界上一切事物的创造者？或者，相反地，你到什么地方去找到这样的人，他回答说他之确信这条道理不是因为他的的确确知道这一点，他不是从绝无错误的论证使他非常相信这一点？尤其是，可以认为毕达哥拉斯、柏拉图、阿基米得、欧克利德以及其他一切古代数学家都会做出这样的回答，我觉得他们之中没有一个人会提出来上帝以确认像这样的一些论证的真理的！不过，因为这话也许你不是对别人说的，而只是对你自己说的，再说，也因为这是一件可赞仰的、虔诚的事，那么就不必再多说了。

对《沉思第六》的诘难

关于物质的东西的存在，以及人的心灵和肉体的实在区别

一、你说**物质的东西，就其被视为纯粹数学的对象来说，是能**

够存在的。关于这一点，我不想在这里多说，虽然物质的东西是组〔330〕合数学的对象，而纯粹数学的对象，例如点、线、面以及由点、线、面组成的不可分割的东西，不能有任何实际的存在性。我只就你再一次在这里把想象从理智或纯概念里区分出来这一点来说；因为，我以前曾说过，这两个东西似乎是同一种功能的两种行动，而假如它们之间有什么区别的话，那只能是多一点和少一点的问题；事实上，请你注意我是怎么用你所提出的话来证明它的。

你前面说过，想象不是别的，只是思考一个有形体的东西的形状或影像；而在这里你认为理会或领悟就是去思考一个三角形、一个五角形、一个千角形、一个万角形以及诸如此类的其他一些有形体的东西的形状；现在你把它们做了这样的区别，你说想象是能知官能对物体的某种用心，而理智不要求这种用心或精神专注。因此，当你单是毫不费力地把一个三角形理会为有三个角的形状时，你把这叫做理智；当你用某种努力和专注，把这个形状呈现出来，观察它，检查它，把它理会得清清楚楚、细细致致，分别出三个角来时，你把这叫做想象。从而，既然你真是非常容易地理会到一个千角形是一个有一千个角的形状，而不管你用了多么大的精神专注都不能把所有这些角都清清楚楚、细细致致地分辨出来，不能把它们都呈现出来，在这方面你的心灵的模糊的情况并不比你观察一个万角形或一个有很多边的其他形状时轻一些，因此，你说在千角形或万角形上，你的思想是一种理智而不是一种想象。

虽然如此，我看不出有什么能阻止你把你的想象以及你的理智伸展到千角形上去，就如同你对于三角形所做的那样。因为，你的确做了某种努力以某种方式去想象那么多的角组成的这种形〔331〕

状，虽然它们的数目多到使你没有办法理会得清楚；再说，你的确用千角形这个字理会了一个有着一千个角的形状，但是这不过是这个字的力量或意义的一种结果，并非由于你是理会而不是想象这个形状的一千个角。

但是在这里必须注意，清楚的程度之消退和模糊的程度之增长是如何循序渐进的。因为，肯定的是，你对一个正方形比对一个三角形将呈现，或者想象，或者甚至理会得更模糊些，但是比对一个五角形更清楚些，而对五角形又比对正方形更模糊些，比对六角形更清楚些，如此类推，一直到你再也不能清清楚楚地提出什么东西来时为止；因为到那时，不管你有什么样的概念，那个概念既不能是清楚的，也不能是明晰的，到那时，你在心灵上也就不再想去做任何努力了。

因此，如果当你清清楚楚地、比较专注地理会一个形状时，你愿意把这种理会方式叫做想象同时也叫做理智；而如果当你的概念模糊，当你用很少的精神专注或毫无精神专注地理会一个形状时，你愿意只用理智这一名称来称呼它，当然你这样做是可以的；但是你没有理由因此建立一种上面所说的那种内在认识，因为，你把某一种形状理会得有时更强烈些，有时不那么强烈，有时理会得清楚些，有时模糊些，这对于这种内在认识不过是一件偶然的事。的确，如果从七角形和八角形起，我们愿意达到其他一切形状一直到千角形或万角形，同时如果我们愿意留心最清楚和最模糊之间的每一个等级的话，我们能够说得出到什么地方或到哪一个形状上想象就停止了而只剩了理智吗？难道我们不是将看到一个同一的认识的一种连续不断的过程，随着这一认识的模糊的程度和疏

忽的程度不知不觉地增加和增长而它的清楚的程度和专注的程度〔332〕也逐渐减少吗？还有，我请你观察一下，你如何贬低了理智，并且把想象抬高到何种程度；因为，当你把忽略和模糊给予理智而把各种清楚、明晰、勤奋都归之于想象时，你不是想贬低一个、抬高一个，还会是什么呢？

你后来说，**在你里边的想象能力，就其不同于理会的能力来说，对你的本质（也就是说，对你的心灵的本质）并不是必不可少的**。然而，如果二者只是一个同一的能力或功能，其功用的不同只在于一个多一点，另一个少一点，这怎么可能呢？你接着说，心灵在想象时转向物体，而在理会时观察自己或自己心里的观念。但是，心灵如果不是同时转向什么有形体的东西或什么由有形体的观念所表象的东西，怎么能转向自己、观察任何观念呢？因为，事实上，三角形、五角形、千角形、万角形以及其他一切形状，或者甚至所有这些形状的观念，都是有形体的，心灵只有把它们理会为有形体，或者按照有形体的东西的方式来理会时才能够思维它们。至于我们认为是非物质性的东西的观念，例如上帝、天使、人的灵魂或心灵等的观念，的确，我们心里所有的这些东西的观念都或者是有形体的，或者差不多是有形体的，它们都是从人的形象和其他一些非常简单、非常轻以及非常不容易知觉的东西（例如风、火或空气）的形象抽出来的，就像我们所说过的那样。至于你说的，**你猜测有什么物体存在着，这不过是可能的事**，对于这句话，用不着多说，因为你这句话不可能是老老实实说的。

二、这以后你谈到感觉，你首先列举了你通过感官所认识的和你当作真实的而接受下来的一切事物，因为大自然似乎是那么

教导你的。紧接着你又谈到某些经验，这些经验把你对于感官的
〔333〕信仰全部推翻了，以致把你弄到我们在《沉思第一》里所看到的那个地步，即怀疑一切事物。

然而，我并不打算在这里争论我们的感官的真实性。因为，错误或虚假倒不是在感官里，感官并不主动，它只是接受影像，只是按照影像对它表现的那样，按照影像由于当时感官、对象、环境等情况而必然地应该对它表现的那样把它们提供出来。错误或虚假是在判断里，或是在心灵里；判断或心灵没有给予应有的周密细致对待，没有注意到离得远的东西只是由于离得远或由于别的原因，而应该比它们离我们较近时显得小和模糊；在别的情况下也是这样。虽然如此，不过，不拘错误来自何处，必须承认有错误；问题只在于是否真的我们永远不能确信感官使我们知觉的任何事物的真实性。

然而，的确我看不出应该费很大力气来解决一个由日常那么多的例子决定得那么明白的问题；我只回答你所说的，或不如说，你所反驳的问题：千真万确的是，当我们在近处观看一座塔，我们差不多可以用手摸到它的时候，我们不再怀疑它是方的，虽然当我们离开稍远时，我们曾经以为它是圆的，或至少曾经怀疑它究竟是方的还是圆的，或者是其他什么形状的。

同样，在手或脚割去了以后，还会感觉到手疼或脚疼，这种感觉有时就欺骗了把手或脚割去了的人，这是由于动物性的精气的缘故，这些精气以前惯于被带到这些肢体里面，在那里引起感觉。不过，四肢健全的人在手上或脚上新近受了伤时，千真万确地感觉到手上或脚上疼痛，不可能有所怀疑。

同样，我们不是在醒着就是在睡着，的确在睡着的时候我们有时就受欺骗，那时我们觉得好像看见了一些东西，而实际上并没有看见；但是我们也并不总是做梦；当我们真的醒着时，我们就非常〔334〕
有把握，绝不再去怀疑究竟我们是醒着还是在做梦。

同样，虽然我们可以认为天性使我们能够在我们觉得是最真实的事物上弄错，但是我们也知道天性使我们能够认识真理，我们虽然有时弄错，譬如当一种诡辩把我们迷惑住了，或当我们看见一根棍子一半插在水里时；但有时我们也认识真理，譬如在几何学的论证里边，或在一根棍子在水外面的时候；因为这些真理太显明了，不可能让我们能够有所怀疑；即使我们能够不信任我们其他一切知识的真实性，但至少我们不能怀疑这一点，即：一切事物给我们表现得就像它们给我们表现的那样，而且它们那样地表现给我们也不可能不是非常真实的。并且虽然自然似乎给我们呈现出许多为理性所告诉我们不要去相信的事物，但这并不能去掉现象的真实性，并不能使这件事不是真的，即我们把事物看成我们所看见的那样。不过，在这里不是去观察理性和感官的刺激怎样矛盾，以及是否也许像左手没有自持之力而用右手托住它那样，或者像什么别的样子。

三、你随后就进到问题里面来了，但是你好像仅仅轻微地接触了一下；因为你接着这样说：**但是现在既然我开始更好地认识我自己，开始更清楚地发现我的来源的创造者，事实上我就不认为我应该糊里糊涂地接受感官好像教导我的一切事物，不过我也不认为我应该一概地把什么都拿来怀疑**。你这话说得有道理，我想毫无疑问，你的思想一向是建筑在这个基础上的。

你继续说：**首先，由于我知道我所清清楚楚、明明白白理会的一切东西，可能就是被上帝像我所理会它们的那个样子产生的，这**
〔335〕**就足以使我能够清清楚楚、明明白白地把一个东西同别的东西分开来理会，以便确信这一个同那一个有分别或不同，因为它们可以分开放置，至少可以由上帝的全能来分开放置；而这种分别是由什么力量做的以便迫使我把它们断定为不同，这倒没有关系。**对此我没有什么别的话可说，只有一点：你是用一个模糊的东西来证明一个清楚的东西，更不要说你所得出的结论中有某种模糊不清的东西。我也不去反驳你：必须事先论证了上帝存在以及他的能力能够达到哪些东西上去，然后再来指出他能做出你所能够清清楚楚地理会的一切东西。我仅仅问你是否清清楚楚、明明白白地把三角形的这个特性，即最大的角对最大的边，同另外的一个特性，即三角之和等于二直角，分开来理会；是否你因此就相信上帝能够把这个特性同另外的一个特性分开，使三角形能够有时有这个特性而没有那个特性，有时有那个特性而没有这个特性。但是，为了使我们不要在这上面谈得太多，也因为这个分别对于我们的问题关系不大，你接着说：**从而，就是由于我确实知道我存在，而在必然属于我的本性或本质的东西里边，除了我是一个在思想的东西以外我却看不出还有什么别的，就是由于这一事实我就足以得出这个结论：我的本质就在于我是一个在思想的东西，或者就在于我是一个其本质或本性只是思想的实体**。就是在这里我想要停一下；不过在这上面只要重复一下我关于《沉思第二》所说过的话就够了，要不然就等一等看看你想怎么论证。

这就是你得出来的结论：**而且虽然也许，或者不如说的确，像**

我即将要说的那样，我有一个肉体[1]**，我和它非常紧密地连结在一起；但是，由于一方面我对我自己有一个清楚、明白的观念，即我只是一个在思想的东西而没有广延，而另一方面，我对于肉体有一个明白的观念，即它只是一个有广延的东西而不能思想，因此肯定的是：我，也就是说我的心灵，或者是我的灵魂，也就是说我之所以为我的那个东西，是完全地、真正地与我的肉体有分别的，它可以没**〔336〕**有肉体而存在**。这无疑地是你想要达到的目的。既然全部问题主要在于此，因此就有必要在这里停一下，看看你怎么去解决。首先，这里的问题在于区别人的心灵或灵魂和物体[2]；但是你是指什么物体说的呢？当然，假如我理解得不错的话，那就是由肢体组成的粗实的肉体；因为，你的话是这样说的：**我有一个肉体，我和它是连结在一起的**；不久以后你又说：**肯定的是：我，也就是说我的心灵，是与我的肉体有分别的**；等等。但是，心灵啊！我请你注意，问题可是并不在于粗实的肉体上。我最好是按照某些哲学家的想法那样来反驳你是像希腊人叫做 ἐντελέχεια——现实、形式、种类，以及用普通的话来说，身体的样式的那种完满性；因为，的确，有着这种想法的人是不能认为你同肉体比形状或别的什么同它的样式更能分别开来或分得开的；不管你是人的全部灵魂也罢，或者你是像希腊人称之为 νοῦs δυναμει, νοῦs παθητιχòs——潜能理智或被动理智那样的一种外加的能力或力量也罢。但是我愿意更自由一些地对待你，把你看作是能动理智，希腊人叫做 νοῦs ποιητικòυ；甚至把

①② 法文（英文也是如此）“物体”、“形体”、“身体”、“肉体”都是一个字。——译者

你看作是可以分得开的，希腊人叫做 χωριστòυ；虽然这不是他们所想象那样的分开。因为，既然这些哲学家以为这个能动理智是世界上所有的人甚至所有的事物都有的，它作用于潜能理智，使潜能理智去知，就如同光作用于眼睛，使眼睛去看一样（由此他们习惯于把能动理智比做太阳的光，因而把它视为外来的，来自外边的东西）；因此我呢，我就宁愿把你看作（而且我看得出你很喜欢这样）是个心灵，或者是一种特殊理智，你在肉体里面统治着。我再说一遍，问题不在于知道是否你可以同这个粗实的肉体分得开，因此我不久前曾说过，没有必要借助于上帝的能力来使你分开理会的那些事物
〔337〕分得开，而是在于知道是否你自己不是什么别的物体，因为你可以是一个更精细、更稀疏而渗透到这个粗实的肉体里面去，或者仅仅住在它的某一部分里面的一种物体。再说，不要以为一直到现在你已经给我们指出来了你是一个纯精神的东西，一点物体的东西都没有；而当你在《沉思第二》里边说，**你不是风、火、气体、空气**的时候，你应该记得我曾经向你提醒过，你说这话一点根据都没有。

你也说过，**你在那个地方不去争辩这些东西**；可是我没有看见你后来谈过这件事，没有看见你提出过任何理由来证明你不是这类性质的物体。我一直等待你在这里来做这件事；可是，假如说你说了或证明了什么东西的话，那只是说你不是这种粗实的物体，对于这一点，我已经说过是没有问题的。

四、你说：**但是，由于一方面我对我自己有一个清楚、明白的观念，即我只是一个在思想的东西而没有广延；而另一方面，我对于肉体有一个明白的观念，即它只是一个有广延的东西而不能思想**。然而，首先，关于肉体的观念，我觉得是用不着费很多力气的；

因为，假如你是就一般的物体的观念说的，我就不得不在这里重复我已经反驳过你的那些话，即你应该事先证明思想与物体的本质或本性是不能相容的；这样一来，我们就又陷于我们的第一个困难中去了，因为问题在于知道是否你，在思想的你，不是一种精细的、稀疏的物体，既然思想这种东西是与物体的本性不相容的。但是因为当你说这话时，你指的仅仅是粗实的物体[①]，你认为你是与这种粗实的物体有分别、可以分开的，所以我并不反对你可以有物体的观念；但是假定，像你所说的那样，你是一个没有广延的东西，我坚决反对你有这样东西的观念。因为，我请你告诉我们，你怎么认为有广延的东西的形象或者观念能够被接受到你——也就是说，一种没有广延的实体——里边去呢？因为，要么这种形象是从物〔338〕

体产生的，那么因此它就必然是有形体的，它就必然有它的彼此判然相别的一些部分，从而它就必然是有广延的；要么它是从别处而来的，而且是用别的方法而被感知的。不过，就是因为它必然表象物体，而物体是有广延的，那么它就必须要有各部分，因此它就必须是有广延的。否则，假如它没有各部分，它怎么表象各部分呢？假如它没有广延，它怎么能表象一个有广延的东西呢？假如它没有形状，它怎么去感知一个有形状的东西呢？假如它没有位置，它怎么能理会一个东西的这些部分高，那些部分低，这些部分在左，那些部分在右，这些部分在前，那些部分在后，这些部分直，那些部分弯呢？假如它没有多样性，它怎么会表象各种各样的颜色呢？……因此物体的观念并不是完全没有广延的；但是，假如物体

① 指“肉体”。——译者

的观念有广延，而你没有广延，那么你怎么能接受它呢？你怎么能使它和你配合得上呢？你怎么掌握住它呢？你怎么感觉它逐渐暗淡下去而最后消失了呢？

然后，关于你对你自己的观念，在我主要关于《沉思第二》上已经说过了，我没有更多的话说。因为，在那上面，大家看得很清楚，你绝不是对你自己有一个清楚、明白的观念，而相反地，似乎你对你自己根本没有观念。因为虽然你肯定知道你在思想，可是你并不知道在思想的你是什么东西，因而尽管你清清楚楚地知道了这一个活动，但主要的你还不知道，即你还不知道这个实体是什么，而思想只是这个实体的许多活动之一。从而我觉得我很可以用一个瞎子来比喻。瞎子感觉到热度，听人说热度是来自太阳的，因而会以为对于太阳有一个清楚明白的观念；这样，假如有人问他太阳是什么，他就会回答说这是一个发热的东西。但是你将说，我在这里并不是只说我是一个在思想的东西，我还说我是一个没有广延的东西。不过，先不要说这是一件你并没有证明的事，虽然这在我
〔339〕们之间还是问题；我请你告诉我，你由此对你自己就有一个清楚、明白的观念吗？你说你不是一个有广延的东西；当然我由此就知道了你不是什么，但并不知道你是什么。怎么！为了对于某一个东西有一个清楚、明白的观念，也就是说，有一个真实的、自然的观念，难道不是必须正面地认识那个东西本身是什么，也就是，姑且这样说，肯定地认识那个东西吗？光知道它不是什么就够了吗？谁要是仅仅知道布塞法勒[1]不是一个苍蝇，他对于布塞法勒就算

① 布塞法勒(Bucéphale)是罗马帝国亚历山大大帝的坐骑的名字。——译者

有一个清楚、明白的观念吗？

然而，为了不更多地在这上面纠缠，我只请问你：你说你是一个没有广延的东西；那么你不是渗透到全身去吗？当然我不知道你要怎么回答；因为虽然在一开头时我认为你仅仅是在大脑里，这不过是仅仅由于猜测，而不是真正相信这是你的意见。我的猜测是根据你不久以后所说的那句话。你说：**灵魂并不直接接受肉体一切部分的感触，而仅仅接受大脑的感触，或者也许大脑的最小的那些部分之中的一个部分的感触**。但是这并不能使我完全肯定你究竟是在大脑里，还是在大脑的一部分里；因为你可以是散布在全身里而只能在一部分里感觉到；正好像我们平常所说的：灵魂散布在全身，然而它只能在眼睛里去看。

底下这些话也使我怀疑。你说：**虽然全部灵魂似乎是结合在全部肉体上**，……因为在那里你真的并没有说你结合在全部肉体上，但是你也并没有否认。然而，不管怎么样，我们首先假定，假如你愿意的话，你散布在全身，不管你和灵魂是同一的东西也罢，你和灵魂不是同一的东西也罢，我请问你，你——你从头顶一直到脚底，你和你的肉体一般大，你的肉体有多少部分，你就有多少部分来与之配合——你难道没有广延吗？你要说你没有广延，因为你在整个身体里边是整个的，而在每一部分里也是整个的吗？如果〔340〕你是这样说，那么我请问你，你怎么去理解它呢？同一的东西能够同时在许多地方都是整个的吗？不错，宗教信仰教导我们圣体[①]

① “圣体”是天主教的“圣事”之一，是一种直径约三厘米大小的、和纸一样薄的面饼，代表面包和酒，按照天主教的说法，它真实地、物质地包含了耶稣的血肉、灵魂和神圣性，教徒吃了它，就和耶稣在灵魂与肉体方面全面结合在一起。——译者

的神圣的神秘性就是如此;但这里我说的是你,除了你是一个自然的东西以外,我们在这里考察的东西是仅就这些东西之能够被自然的光明[1]来认知的角度上考察的。既然如此,能够理会有好些地方而没有好些东西住在那里吗?一百个地方不比一个地方多吗?假如一个东西是整个地在一个地方,它能够又在别的地方吗,假如它不是在它自己之外,就像第一个地方在其余的地方之外一样?你愿意怎么回答就怎么回答吧;不过,要知道你究竟是整个地在每个部分中呢,还是你是按照你自己的每个部分而在你的身体的每个部分里,这至少是一件不清楚、不确定的事情;而既然任何东西都不能同时在许多地方这件事是更为明显的,那么你不是整个地在每个部分里,而仅仅是整个地在整个里,由之你是按照你的每个部分而散布在全身,因此你不是没有广延的,这件事也是更为明显的。

我们现在假定你仅仅是在你的大脑里,或者是你仅仅是在你的大脑的最小的一些部分之一里,你看这也仍然是不妥当的:不管这个部分是多么小,它也仍然是有广延的,而你也和它一样,因而你也是有广延的,并且你也有许多小部分,和它的一切小部分相配合。你不是也许将说,你把你和大脑连结起来的那一小部分当作一个点吗?我不能相信是这样;不过,就算是一个点吧;然而,假如说这是一个物理学上的点,同一的问题照样存在;因为这个点是有广延的,而且绝不是没有部分的;假如这是一个数学上的点,你首先知道这是我们的想象做成的,事实上并没有点。然而,我们假定

① 即从理性上而不是从信仰上。——译者

有点，或者不如说，假想是在大脑里有这些数学的点，你在其中的一个点上连结起来，你就住在这个点里；那么请你注意，这个假想是毫无用处的；因为，不管我们怎么假想，你也必须是正好在神经交汇的地方，为灵魂所通知的一切部分都是从那里把感官所知觉〔341〕
的东西的观念或形象传递给大脑。但是，首先，全部神经并不达到一个点，这或者是因为由于大脑一直延长到脊髓，因而在背上散布着的许多神经都达到并终止到脊髓上；或者是因为大家注意到伸向头的中间的神经并不都终止于，或达到，大脑的同一个地方。即使它们都达到一个地方，它们的交汇也并不能终止于一个数学的点上；因为这是一些物体，不是一些数学的线，不能汇集、结合到一个点上。即使它们可以汇集、结合到一个点上，沿着神经流动的动物性精气也既不能从那一个点里出来，也不能进到那一个点里去，因为它们是物体，而物体不像数学的点的那样，它不能不在一个地位，不能越过一个不占地位的东西。就算它能不在一个地位，能越过一个不占地位的东西吧；然而，就像这样地存在于一个既没有地方，也没有部位，既没有左、右，也没有上、下的点里的你，你总不能辨认出东西从什么地方来，向你报告什么。关于你必须发送到全身以传达感觉和运动的那些精气，我认为也是那样，且不说不可能理解你怎么把运动印到那些精气上，假如你是在一个点里，假如你不是一个物体，或者假如你没有一个物体用以整个地接触和推动它们的话。因为，假如你说它们是自动的，而你只是指导它们的运动，你要记得你在某一个地方曾说过物体不能自动，因此我们可以推论你是它的运动的原因。然后请你给我们解释，没有某种专注，没有从你这方面的某种运动，这种指导怎么进行？没有能动和所

动的接触，一个东西怎么能对于另外一个东西去进行专注和努力并使之动起来呢？没有物体怎么能有这个接触呢，既然自然的光明教导我们只有物体才能触动和被触动？

〔342〕不过，既然应该是由你来告诉我们说你是一个没有广延的东西，因而是没有形体的东西，那么我为什么在这里耽搁那么多时间呢？我不认为你想用大家习惯说的：人是由肉体和灵魂合成的这句话做证明，好像说假如把物体这个名字给了这一部分，那一部分就不能称之为物体。因为，假如是这样的话，那么你就使我可能这样地区分：人是由两种物体合成的，一个是粗实的，另一个是精细的；既然把物体这一通常的名字给了前者，那么就把后者称为灵魂或心灵。对于其他动物也可以这样说，我相信你是不会同意它们也有同你一样的一个心灵的，这且不说，只要你让它们具有它们的灵魂，这对它们来说就足够了。因此，当你结论说**肯定地你和你的肉体是有分别的**，你看得出，很可以同意你这一点，但你不能因此就不是有形体的，不是一种非常精细、稀疏的物体，有别于另外一种粗实的物体。

你接着说，**因而你可以没有它而存在**。但是当人们同意你可以没有这个粗实、浊重的身体而存在，就如同苹果香气从一个苹果出来，散布到空气里的时候一样，这对你有什么好处呢？当然，这比我以前所谈过的那些哲学家所想的还稍多一些，他们认为你一死就什么都完了，不多不少正如同一个形状一样，面一改变，这一形状就完全消失了，就完全不存在了。因为，并不像他们所想的那样，认为你只是物体的样式，而是除此而外你还是一种轻微的、精细的有形体的实体，因此我们不说你死了以后就完全消灭了，你又

重新陷入你最初的无的状态中去，而是说你残存在你的彼此如此分散、孤立的各部分之中；由于你的各部分的过大的拆散、分离的缘故，你就不可能再有思想了，你就没有权利再说你是一个在思想的东西，或者是一个心灵，或者是一个灵魂了。不过，我之反驳你所有这些东西，不是由于我怀疑你打算得出来的结论，而是由于我〔343〕不相信你就这个问题所提出来的论据。

五、在这以后你又推论一些属于这一类的别的东西，对于所有这些东西，我都不打算坚持。我只提出一件事情。你说**自然用疼痛、饥渴等等感觉教导你，使你知道你不仅仅是住在你的身体里，像一个领航员在他的船里那样；而是，除此而外，你和它非常紧密地连结在一起，融合、掺混得像一个整体一样地同它合在一起。**因为，你说，**假如不是这样，那么当我的身体受伤了的时候，我，这个仅仅是一个在思想的东西的我，就不会感觉到疼痛，而只会用理智去知觉这个伤，就如同一个领航员用视觉去知觉是否在他的船里有什么东西坏了一样。当我的身体需要饮食的时候，我就直截了当地知道了这件事，用不着饥、渴的模糊感觉告诉我，因为，事实上这些饥、渴和疼痛等感觉只是思想的某些模糊方式，它们是有赖于，并且来自，心灵和肉体的联合和（姑且这样说）混合。**这话说得实在不错，但是仍然没有解释出来：假如真的像你所说的那样，你是非物质的，不可分的，没有丝毫广延，那么这种结合，这种类似的混合或混杂，怎么能对你相称呢？因为假如你不比一个点大，你怎么能和那么大的全身来结合或联合到一起呢？至少你怎么和大脑或大脑的最小的一个部分连结起来呢，那一部分，就像我以前说过的那样，不管怎么小，也得有个大小，或有个广延吧？假如说你没

有各部分，那么你怎么和那个物质的最精细的部分混合或类似混合在一起的（你承认你是和它们联合在一起的），既然没有互相能够混合起来的部分就不可能有混合这个事实？假如你是完全不同于这个物质，你怎么和它混合起来，和它合成一个整体呢？既然一切组合、结合或联合都只能在各部分之间才能有，那么这些部分之
〔344〕间不应该有一定的相称性吗？但是在一个有形体的东西和一个无形体的东西之间，你能够理会也有一个什么相称性吗？我们能够理解，譬如说，在一块轻石里边，空气和石头是怎么掺混和结合在一起而成为一种真正的、自然的组合物吗？然而在石头和空气之间的相称性要比物体与心灵之间的相称性大得多，因为石头和空气都是物体，而心灵完全是非物质的。再说，一切结合，不应该是由两个结合起来东西的非常紧密、非常亲切的接触而成的吗？然而，我刚才说过，没有物体，怎么去接触呢？一个有形体的东西怎么能把一个无形体的东西拿过来接合和连结到它自己上呢？或者，无形体的东西怎么能附着于有形体的东西上来互相结合、连结合起来，假如在它里边没有任何东西可以用以连结它或用以被它连结呢？关于这一点，我请你告诉我，既然你自己承认你能感觉疼痛，那么像你那种性质和情况，即是说，你是无形体的，没有广延的，你怎么能够经验这种感觉呢？因为疼痛的印象或感觉，假如我理解得不错的话，是来自各个部分的一定的拆散或分离，这种拆散或分离是在某种东西溜进各部分之间以致断绝了它们以前存在的连续性的时候发生的。不错，疼痛是一种违反天性的情况；不过，一种东西，它天性一向是一致的、单纯的、同一方式的、不可分的、不可能接受改变的，怎么能把它置于违反天性的情况中去呢？疼

痛既然是一种变坏，或不能没有变坏而发生的情况，那么一种东西，它既然是比点还更不可分，不可能改变成为别的东西或不可能使它不再是它之所以为它的东西而不完全消灭，那么它怎么能变坏呢？再说，当疼痛是自脚上、臂上以及其他好几部分一起发生的时候，在你里边不是必须要有许多不同的部分来不同地把疼痛接受到里边去，以免于使疼痛的感觉模糊不清，使你觉得好像是来自一个部分？不过，总而言之，总的问题仍然存在，即要知道有形体的东西怎么使之被感觉，怎么与无形体的东西进行交通，在有形体的东西与无形体的东西之间的相称性怎么能建立起来。

六、对于你后来为了指出在上帝和你之外在世界上还有别的〔345〕
东西存在而非常丰富地、非常漂亮地论证的其他东西，我就都不提了。因为首先你推论你有一个肉体和一些肉体的功能，此外在你的肉体周围还有许多别的物体，那些物体把它们的形象送到你的感官里边，这些形象就是这样地从那里传到你那里，并且在你里边引起来快乐和痛苦的感觉，这些感觉就告诉你对这些物体要去趋就和去躲避。

从所有这些东西里边，你最后得出这样一个结论，即：**既然你所有的全部感觉通常在物体的安与危上向你报告的多半是真的而不是假的，那么你就不用害怕感官每天告诉你的那些事物都是假的**。关于你在睡着时做的梦，你也认为是这样。**梦不能同你的生活的其他一切行动连结起来，像你醒着所遇到的那些事物那样**；这就说明在你思想里边有真实性的东西，**必然是在你醒着的时候所有的那些，而不是在你梦中的那些。由于上帝不是骗子，因而**，你说，**必然地你在这上面就没有受骗，而在你醒着的时候向你表现得**

如此显明的东西，也一定不可能不是真实的。你在这方面的虔诚实在令我敬仰，同样也必须承认，你在你的著作中的最后几句话也是非常有道理的：**人的生活是可能会犯很多错误的，必须承认我们的本性的弱点和残缺**。

先生，以上这些就是我在心里对于你的“沉思”所想到的一些意见；但是，我把我在开头时所说过的话再说一遍：这些意见没有什么重要，不值得你去费心；因为我不认为我的判断值得你重视。因为，譬如一块肉很合我的口味，而我看到它不合别人的口味，这时我并不认为我的口味比别人的口味高；同样，当一种意见为我所喜欢而别人的心灵并不以为然的时候，我绝不想我的意见是最真

〔346〕实的。我倒相信“各有所好”这话说得十分好；我认为要让大家都有同样的感觉和要让各人的口味都一样，这差不多是同样不公道的。我这样说，是为了使你相信，我不反对你对我这些意见随便做怎样的判断，或者甚至认为它们毫无价值：只要你承认我愿为你服务的感情，只要你不忽视我对于你的品德的尊敬，这对我就已经足够了。说不定我也许说了什么失礼的话，因为在争论的时候更容易激动，这是常有的事。假如是这样的话，那绝不是我的本意，我完全同意把它从我的文章里边涂掉；因为我可以向你保证，我最初和唯一的意图只在于享有你的友情的荣誉，并且把这种友情完整无缺地保存下来。再见。

译 后 记

1. 本书是对笛卡尔《形而上学的沉思》的七篇诘难的第五篇。七篇《诘难》和笛卡尔的《答辩》,和《形而上学的沉思》一样,原来都是用拉丁文写的,附在《形而上学的沉思》后面。第一版于 1641 年出版,包括前六篇《诘难》和《答辩》;第七篇《诘难》和《答辩》是在第二版(1642 年)里加进去的。

2.《形而上学的沉思》的法文版第一版于 1647 年出版,包括前六篇《诘难》和《答辩》。《沉思》的译者是德吕纳(De Luynes),《诘难》和《答辩》部分都是克莱尔色列(Clerselier)译的。全书(除去第五篇《诘难》和《答辩》)都经过笛卡尔亲自校阅过,并做了适当的增订,因此一般公认《形而上学的沉思》法文版比拉丁文版价值高。伽森狄的《诘难》(即第五篇《诘难》),笛卡尔原意不想把它放在法文版里,因此法文译文没有经过笛卡尔校阅过。

3. 本书是根据克莱尔色列译的法文版翻译的(手头有的书是 *Oeuvres de Descartes*, Paris, Charpentier, 1865)。在翻译时也参考了哈耳丹(E. S. Haldane)和罗斯(G. R. T. Ross)的英译本(*The Philosophical Works of Descartes*, Cambridge University Press, 1912)。

4. 本书引用笛卡尔《沉思》中的话的地方很多,但伽森狄经常把原话的第一人称改换为第二人称，这样一来就很不适合我国使用引号的习惯；因此就根据拉丁文原版，一律不用引号而改用黑体字表示，以示区别。此外，这些引语和《沉思》中的原话，在文字上有出入的地方不少，翻译时在译文上能一致起来的地方都已尽量使其一致，不能一致的地方并未强求一致，而个别相差较远的地方，已在译文中注出。

5. 本书著者伽森狄（Gassendi）近来在有些书里写作"伽桑狄"。按"ssen"在法文里一般读为"桑"（sang），但恰恰在 Gassendi 以及 gassendisme（伽森狄主义）这两个词上应该读作"森"（sen）。现在在这位伟大的古典唯物主义者的著作还是第一次用中文出版时，考虑到如果乘此机会把他的译名更正过来，应该算是及时的。同时也建议把"伽"字读作 ga，专用为外文 ga 的译音（我国古时就用"伽"译 ga 的音，如 yoga 译为"瑜伽"，samgha 译为"僧伽"等）。

译　者

图书在版编目(CIP)数据

对笛卡尔《沉思》的诘难/(法)伽森狄著;庞景仁译.—北京:商务印书馆,2017
(汉译世界学术名著丛书:120 年纪念版:珍藏本)
ISBN 978-7-100-14706-4

Ⅰ.①对… Ⅱ.①伽… ②庞… Ⅲ.①笛卡尔(Descartes, Rene 1596-1650)—哲学思想—思想评论 Ⅳ.①B565.21

中国版本图书馆 CIP 数据核字(2017)第 159811 号

汉译世界学术名著丛书
(120 年纪念版·珍藏本)
对笛卡尔《沉思》的诘难
〔法〕伽森狄 著
庞景仁 译

商务印书馆出版
(北京王府井大街 36 号 邮政编码 100710)
商务印书馆发行
北京冠中印刷厂印刷
ISBN 978-7-100-14706-4

2017 年 12 月第 1 版　　开本 710×1000 1/16
2017 年 12 月北京第 1 次印刷　　印张 7
定价:35.00 元